事業再生の
イノベーションモデル

製品設計と生産技術の
一体的革新

yoshida tomomasa **吉田朋正**✕**田辺孝二** tanabe koji

言視舎

まえがき

本書は、日立製作所および日立国際電気において、1970年代から2000年代初めまでの間に、吉田朋正氏が取り組んだ「技術革新による事業再生」について紹介し、「事業再生のイノベーションモデル」として提案しています。なお、本書の内容は、東京工業大学MOT大学院（技術経営専攻）の科目「企業実践セミナー」における吉田氏の講義内容を発展させたものです。

事業再生は、通常、多くの経営資源を使って、経理面から赤字要因を洗い出し、見かけの業績改善を図るため、直接経費の削減と人員のリストラに取り組みがちです。そして、これに逆らえない雰囲気のなかで後ろ向きの対策に精力を使い過ぎて、前向きな推進力が働かなくなり、製品が陳腐化し、事業が縮小してしまうのです。本書は、これとは逆の発想で、持っている経営資源を前向きに使って、技術革新によって製品価値と生産性を高める「新しい価値創造（イノベーション）」のアプローチをして、事業の持続的発展につなげた事例を紹介します。

一般に、技術革新による事業再生はむずかしいものです。かつての成功の体験が企業のなかで絶対視され、確立された技術や考え方からの転換がむずかしいからです。このため、従来の技術や考え方とは異なる非連続な事業展開ができません。それをどのようにして克服できるのかが本書のテーマです。

本書は、吉田氏がリーダーとしていかに事業再生に取り組んだのか、

4

日立製作所がいかに組織として事業再生に取り組んだのかを分析し、事業再生に関する二つの「イノベーションモデル」を考察しています。

　一つは、事業再生プロジェクトの実践に関する「事業再生プロジェクトのイノベーションモデル」です。事業再生の発想（基本方針）は、顧客価値と生産性の飛躍的な向上を図り、長期的な競争力を確立する「製品設計と生産技術の一体的革新」と「物理現象の原則に基づくキーコンポーネントのコア技術開発」です。これらの発想に基づき事業再生を確実に実現するためには、事業再生プロジェクトをどのように発想し、どのように運営すべきかの戦略を明らかにします。また、技術革新による事業再生を効率的・組織的に実施するための戦略として、製品別の縦割り組織に、技術的に横串を通す横断的組織（生産技術部）を活用する戦略的な「製品開発と生産技術革新のマトリックス運営」が示されています。

　もう一つは、日立製作所で組織的に実施された「日立製作所の事業再生イノベーションモデル」です。当時の日立製作所は、本社生産技術部のPT（Project Technology）チームが事業再生の機動部隊となって、不採算事業を再生するため工場に派遣され、異なる発想・異なる技術を事業部門に持ち込み、３年ほどで事業再生プロジェクトを遂行しています。また、事業再生プロジェクトにおける技術資産の活用と新たな技術の組織的な蓄積は、生産技術部に設置されたエンジニアリング推進センタのPG（Project Group）活動で支援・推進されています。この他、当時の日立製作所は、他部門出身の工場長を時々配置することにより、異なる視点・技術背景を持つトップが事業部門の革新（非連続な展開）を推進しています。

このような「イノベーションモデル」による事業再生の結果、電子顕微鏡、半導体圧力センサ、鉄道車輛などは、現在の日立製作所グループの主力事業となっています。

　日本の多くの企業が事業再生にチャレンジし、従来の延長線上ではないイノベーションによる事業再生を果たすために、現場で取り組む技術者にとって、また事業責任者や経営者にとって、本書が役立つことを期待しています。

2017 年 11 月　田辺孝二

目　次

まえがき　3

はじめに　技術革新による事業再生　10

第1章　事業再生プロジェクトの実践事例　13

はじめに　14

1.1　事例1：電子顕微鏡　16
　　　　　―製造技術の革新と製品の安定化による事業再生―

　1.1.1　電子顕微鏡事業再生の背景　16

　1.1.2　電子顕微鏡の構成原理　17

　1.1.3　製造技術革新によるリードタイムの短縮と製品の安定化　19

　1.1.4　電子顕微鏡プロジェクトの成果　27

　1.1.5　事業再生のマネジメント　29

1.2　事例2：工業計器伝送器半導体圧力センサ　38
　　　　　―新センサの開発による工業計器事業の再生―

　1.2.1　半導体圧力センサ開発の背景　38

　1.2.2　製造プロセス開発とクリーンルーム新設　41

　1.2.3　半導体圧力センサ開発の成果　45

　1.2.4　半導体圧力センサ開発のマネジメント　47

1.3　事例3：半導体プロセス用縮小投影露光装置（ステッパ）　53
　　　　　―事業再生と事業からの撤退―

　1.3.1　ステッパ事業再生の背景　53

　1.3.2.　ステッパの構成原理と性能　56

　1.3.3　キーコンポーネントのコア技術の向上　60

　1.3.4　縮小投影露光装置事業再生プロジェクトの成果　65

　1.3.5　縮小投影露光装置の事業再生マネジメント　66

1.4　事例4：半導体製造プロセス用縦型CVD装置　71

―次世代デバイス対応、クリーンな高均質成膜装置の提供―

1.4.1 縦型 CVD 装置再生の背景 71

1.4.2 縦型 CVD 装置の構成原理 72

1.4.3 CVD 装置の開発 74

1.4.4 半導体縦型 CVD 装置プロジェクトの成果 76

1.4.5 事業再生のマネジメント 77
　　　―キーコンポーネント・コア技術の向上―

第2章　製品開発と生産技術革新のマトリックス運営 83

はじめに 84

2.1 計測器工場でのマトリックス運営 86

2.2 全社製品戦略と生産技術のマトリックス運営 91

2.2.1 生産技術活動方針 91

2.2.2 全社製品戦略と生産技術革新のマトリックス運営の組織 95

2.2.3 生産技術の展開―製品と生産技術の一体開発方式― 97

2.2.4 PG・PT 活動の実践事例 99

2.3 日立国際電気での製品開発と技術開発のマトリックス運営 105

第3章　プロジェクトリーダーとしてのあり方 109

はじめに 110

3.1 第一の成長フェーズ 112
　　　―自主独自製品の開発を通して技術者として成長―

3.1.1 開拓者精神の実践 113

3.1.2 誠の実践と落ち穂拾い 116

3.1.3 和協一致の実践 117

3.2 第二の成長フェーズ 119
　　　―新規事業・再生プロジェクトの推進方法を学ぶ―

3.2.1 段階1　ファクトファインディング 120

3.2.2　段階2　即効性のある改善策により信用を勝ち取る　122

　　3.2.3　段階3　Q・C・D向上のための製造プロセス改善計画と
　　　　　　　　　　投資計画立案　123

　3.3　第三の成長フェーズ　126
　　　　—事業再生プロジェクトのリーダーとしての活動—

　　3.3.1　ビジョン　126

　　3.3.2　事前準備　127

　　3.3.3　計画　127

　　3.3.4　運営　129

　3.4　技術革新による事業再生成功のための10カ条　132

第4章　日立流事業再生マネジメントの考察　135

　4.1　技術革新による事業再生の基本的な方針　136

　　4.1.1　製品設計と生産技術の一体的開発の実行　136

　　4.1.2　「基本原理」に基づくキーコンポーネントの革新　137

　　4.1.3　技術・開発手法の横断的・継続的な展開　138

　4.2　事業再生のためのイノベーション・マネジメント　139

　　4.2.1　日立製作所のイノベーション推進戦略　139

　　4.2.2　プロジェクトリーダーのイノベーション・マネジメント　141

　4.3　事業再生のイノベーションモデル　144

参考文献　147
あとがき　148

はじめに　技術革新による事業再生

　著者の一人である吉田は、（株）日立製作所および（株）日立国際電気に46年間在職し、この間時代の変遷とともに、家電、計測器、自動車部品、新幹線車輌、半導体および半導体製造装置、情報通信などの先端技術製品に関して、数多くの製品設計と生産技術の一体的革新プロジェクトのリーダーを務めてきた。従来技術の延長ではなく、常に原理原則に立ち返って、物理現象の基本原理を追求し、製品のキーコンポーネントのコア技術の育成を図って、時代を先取りして顧客価値を実現する「待ち伏せ製品」を開発した。また、高精度製造技術の確立により、後戻りのない生産方式の単純化を実現するコンパクトな製品設計構造を考えて、Q（Quality）、C（Cost）、D（Delivery）を向上させることで、不採算事業の再生を果たし、今日の日立製作所、日立ハイテクノロジーズ、日立国際電気などの先端技術製品の持続的発展に寄与してきた。

　第1章は、事業再生の事例を紹介し、日立製作所における吉田の事業再生のチャレンジが、次の3つの基本原則に基づく取り組みであることを示す。
①　事業を再生するには、他社が容易に真似のできない製品を創る必要があるが、製品開発の後で生産技術を考えるという方法では成功しない。製品設計と生産技術の一体的開発が重要であり、将来の顧客価値を満たす「待ち伏せ製品開発」が必要である。同時に、高精度要素技術開発などによる製品構造の簡略化と、後戻りのない生産方式を実現する技術革新が必要である。
②　技術革新の基本的考え方は、「物理現象の基本原理」に基づいて、

製品機能や製造設備の機能構造を考え、先端科学技術を活用して、キーコンポーネントのコア技術を開発することである。

③　技術および開発手法の積み重ねが重要である。あるプロジェクトで生み出された製品・製造設備の革新技術および開発手法は、蓄積され、次のプロジェクトにも継続して伝承されて、新たなアイデアに発展し、次々とスパイラル状に増幅適用される。

　第２章は、事業再生に関する製品開発と技術開発を戦略的かつ効率的に実施するため、吉田が取り組んだ「製品開発と生産技術革新のマトリックス運営」について説明する。

　「製品開発と生産技術革新のマトリックス運営」とは、複数の主要製品に横断的に必要とされる設計・製造技術分野を選定し、製品開発に先行・同期して、選定されたそれぞれの技術分野の高レベル化を図り、製品開発に投入することである。効果的・効率的に主要製品の革新を推進する運営方式であり、重要な技術経営手法の一つである。

　本章では、吉田が実施した次の３つの「製品開発と生産技術革新のマトリックス運営」を取り上げる。

　①計測器工場の主任技師・部長時代
　②本社生産技術部長、品質保証本部・環境統括本部副本部長時代
　③日立国際電気常務取締役・技術推進本部長時代

　第３章は、吉田が長年取り組んだ日立製作所グループのプロジェクト活動において、プロジェクトリーダーとして心がけた「プロジェクトリーダーのあり方」についてまとめたものである。どのように吉田がプロジェクトリーダーとしての教育を受けたのか、どのように事業再生プロジェクトのリーダーの役割を果たしてきたのかをまとめている。事業

再生やイノベーションに取り組むプロジェクトのリーダーにとって、また事業再生やイノベーションを推進する経営者にとって、多くの示唆を得ることができるであろう。

　第4章は、吉田の経験を基に、田辺と吉田がディスカッションして、技術革新による事業再生の基本的な方針、日立製作所のイノベーション推進戦略、事業再生プロジェクトのリーダーのイノベーション・マネジメントについて考察したものである。

　吉田の事業再生の実践は、次のような特徴があり、その教訓はすべての事業再生に適用可能なものではない。第一の特徴は、対象とした事業は、サービスではなくモノ（製品）であり、しかも事業者向けの高付加価値の先端技術製品であり、消費者向けの大量生産型の事業ではない。第二の特徴は、コマツやマツダが21世紀初めに実践した企業再生とも言える事業再生ではなく、特定の製品・事業に関する事業再生であり、経営者が主導する事業再生と企業再生を同時に実施するプロジェクトではない。

　現在急速に進行しているIoTやAIを活用するビジネスのデジタル化・ソフト化は、既存事業の再生の側面があり、事業者向けのプラットフォームの構築が重要であることから、吉田が取り組んできた特定分野の「技術革新による事業再生のイノベーションモデル」が役立つものと考えられる。

第 1 章

事業再生プロジェクトの実践事例

はじめに

　事業が生き残っていくには、顧客価値の実現とQ、C、Dの面で十分な競争力を確保することが必要である。しかし、この4つの条件がいつもそろって事業が順風満帆に発展することは現実にはむずかしい。必ず一時期苦しい時期を迎える。経営的にピンチになった時こそ、技術革新を行なうチャンスと捉えて乗り越えることで、はじめて事業は持続的発展をする。

　吉田が日立製作所グループで実施したプロジェクトの中で、多種少量生産品である資本財先端技術製品事業がピンチに陥ったとき、その事業を再生するために実施したプロジェクトの4つの事例を紹介する。

1) 電子顕微鏡（1970 ～ 74 年）
　新規事業に乗り出し、顧客・市場からの評判がよく、注文があるが、品質が安定せず、生産体制が整わないことから、事業の採算が取れないケース

2) 工業計器伝送器半導体圧力センサ（1975 ～ 80 年）
　新製品を開発し、事業が順調に伸張したが、安住したため、市場・顧客が要求するスピードに対し、製品開発のスピードが追いつかず、事業縮小の危機に陥ったケース

3) 半導体製造プロセス用縮小投影露光装置（1983 ～ 87 年）
　後発開発で、市場のスピードに対し後手に回り、顧客から常に追加仕

様を強いられ、設計・製造現場が混乱し、製品開発以来赤字が続いたケース

4) 半導体製造プロセス用縦型 CVD 成膜装置（1998 ～ 2004 年）

　顧客のニーズに対応した製品を競合他社に先行して開発し、事業として順調であったが、キーコンポーネントをすべて専門メーカーから購入していたため、世代代わりの時に競合他社の追い上げにより製品の差別化ができなくなり、コスト競争に陥り事業が伸び悩んだケース

　本章は、これら 4 つのプロジェクトについて、それぞれの事業背景、技術開発内容と成果、事業化マネジメントを整理する。

1.1 事例1：電子顕微鏡 ―製造技術の革新と製品の安定化による事業再生―

1.1.1 電子顕微鏡事業再生の背景

電子顕微鏡は、物質の原子レベルの構造を観察分析する装置で、学術研究・科学技術産業分野の進歩発展に不可欠なものとなっている。その歴史は、1939年ドイツのシーメンス社が世界で初めて商業機を開発、日本では1943年に日立製作所が国産第1号機を名古屋大学に納めた。1950年代後半から、日立は計測器工場（現在の日立ハイテクノロジーズ）で事業化をはじめ、1958年にブリュッセルの万国博でグランプリを獲得し、名声を博した。1960年代後半になると、電子顕微鏡の競争が激化し、日立では他社を凌駕する画期的な電子顕微鏡を開発するプロジェクトチームが編成され、他社を上回る目標仕様で試作に入った。開発関係者の努力により、約半年で試作品が完成して営業にも披露した。試作品は、その後、信頼性と性能の評価試験を行なって製品化する計画であったが、まだ、評価試験を実施していない状況で米国電子顕微鏡学会から出展を要求され、営業に対して発売は1年先という約束でこの出展に応じた。

この製品は故障もなく動作して、好評を博した。これが裏目に出て、1年先の発売の約束が無視され、顧客の求めに応じて受注が開始された。受注は好調に進み、工場としてもこの受注に対応した。しかし、この結果、生産最終段階の調整に多くの時間を要し、製品出荷後もトラブルが続出してしまった。この対応のため、保守費用がかさみ、国内外にサービス員を駐在させる等、事業的にも厳しい経営を余儀なくされた。

この失敗の反省から、製造技術の革新を図り、製品構造の見直しに加

えて、製品を構成する部品およびユニットの高精度製作技術を開発した。そして、ユニット段階での性能出しを行なうことで、最終調整段階での後戻りを低減するとともに、ユニット互換性を出すことで、生産性向上とリードタイム短縮が図られ、事業再生に結びついた。

また、その後、70年代になり、走査形電子顕微鏡を開発したが、当初電子線を発射する電子銃のチップ切れが頻発するトラブルが続いた。これを真空技術の向上による抜本対策をして、製品を安定化したことから、科学技術分野一辺倒から、産業、医療分野の生産ラインなど新市場分野にも電子顕微鏡を拡大し、今日まで飛躍的発展を遂げている。

1.1.2 電子顕微鏡の構成原理

電子顕微鏡は、図1に示すように、鏡体、真空排気系、制御盤装置で構成されている。その構成を光学顕微鏡と比較して示すと、光源に相当する電子線を発射する電子銃室、光学レンズに相当する100万倍の倍率を有する電子レンズ部、試料室、拡大像を観察する観察室から構成される鏡体、鏡体内部の電子ビームの通路を真空に排気する排気系、高圧電源および制御回路から成り立つ制御装置で構成される。

電子線を用いて試料の表面状態を高解像度・高精度で観察測定するには、電銃チップ先端から発射される電子線がエネルギーのばらつきがなく、真空の電子レンズ部の中心をまっすぐに進み、電子レンズ部で同心円状に歪みなく拡大することが大切である。

そのためには、

・鏡体内部から放出されるアウトガスのないきれいな真空通路を作ること、

・電子銃室の電子銃チップを均一な結晶にして、かつ先端部をとがっ

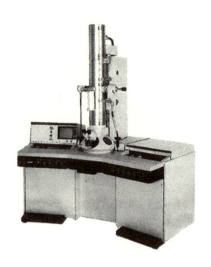

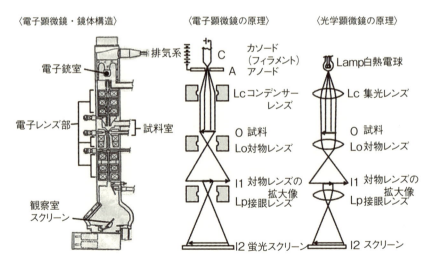

図1　電子顕微鏡の構成原理

た対称均一形状に作りだすこと、

・コンデンサレンズ、試料室、対物レンズ、投影レンズの各電子レンズ部の真円度、同芯度を保ち、各電子レンズ間のセンター穴ずれがないように高精度電子レンズ部を作ること、

が重要である。これらキーコンポーネントの高精度製造技術の確立がポイントとなる。

1.1.3 製造技術革新によるリードタイムの短縮と製品の安定化

電子顕微鏡は、初期には前述のように生産工程の最終調整段階で多くの期間を要し、顧客に納入する時期近くになってからも、納期時期が決まらず、納入した製品も安定しなかった。これを改善するため、最終段階で後戻りのない生産方式を確立し、安定した製品作りのための設計構造と生産方式を考え、生産工程の最終段階での総合調整作業の最小化を指向した。

このため、電子線が通過する電子銃室、電子レンズ部、試料室の各ユニットの目標性能を達成するため、各ユニットに必要な磁気的・形状的な精度（同芯度、真円度、面粗さ）を設計部門と協力して計算した。さらに、各ユニットの要求精度を満たすため、材料、素子、部品、ユニットに関する高精度技術を徹底的に追求した。ユニット段階で要求性能を満足することにより、最終調整を最小にして、安定した製品を短期間で納めることができるようにした。

以下、電子銃室、電子レンズ部、試料室に対して実施した技術革新内容について述べる。また、鏡体と排気系の結合をワンタッチで行なうことができるよう構造をシンプル化して、据え付け期間を短縮化するとともに、耐震性構造を確立した技術革新内容について述べる。

(1) 電子銃室製作法の革新

　電子銃に関しては図2に示す電子銃および電子銃室の製造プロセスを新たに確立した。

　1つ目は電子銃の製造プロセスの革新である。

　図2は、1970年に日立がシカゴ大学のA.V. Crewe教授の指導で開発を開始した電界放出電子銃（FE電子銃）の製造プロセスである。FE電子銃は従来の電子銃に比べて1000倍以上明るい電子銃で、超高分解能走査電子顕微鏡の電子源として開発が進められた。この製造プロセスでは、チップから放出した電子ビームが電子銃室から光軸に沿ってまっすぐに進むようにチップをセンターに正しく位置決め溶接し、その後、チップ先端の曲率形状を精度良くエッチングしてからフラッシング（清浄化）を行なう治具および装置を開発した。

　2つ目は電子銃室の製造プロセスの革新である。電子銃室の真空の状態を良くするために、電子銃室を構成する部品をすべてケミカルクリーニング処理し、超高真空脱ガス処理で部品表面に吸着したガス分子を除去した。また、脱ガス効果のあるオーブンブレージングでの無変形接合により、漏れのないきれいな真空室を形成した。

第1章 事業再生プロジェクトの実践事例 21

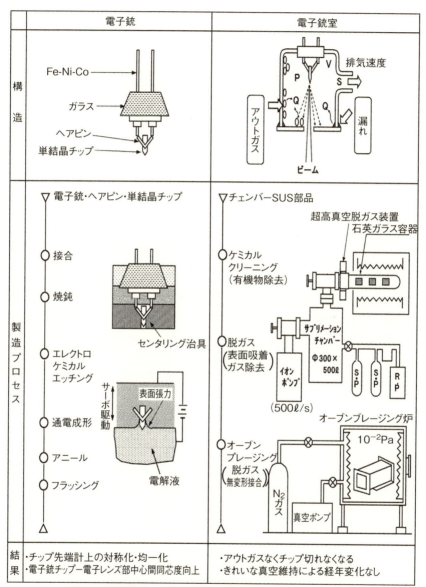

図2 電子銃チップおよび電子銃室の製造プロセス革新

(2) 電子レンズ部の設計改良

　電子レンズ部は、コイルを内包した純鉄製の磁路と、その内側に結合された非磁性体電子レンズとからなる。そして、電子線が通る中心部は真空に保持され、電子線の通路となる。コイルによって作られた磁力線は磁路にそって走り、非磁性体の両端で磁気回路を遮断することにより、強い磁場を作る。入射した電子線は強力な磁場によって曲げられ収束する。この構造を達成するために、従来は上磁路、磁路カバー、下磁路の3部品で磁路を構成し、この間に電子レンズが置かれ、レンズ押さえにより固定されていた。この構造では、①接合面が多く、不連続な磁力線の流れができ、磁気的に不均一になること、②組み合わせ箇所が多く、また磁路の肉厚が薄いため加工変形が生じることから、組み立て後に修正を必要とするなどの問題があった。

　このため、磁力線の均一な流れを作るために、上磁路と磁路カバーを一体化し、NC機により、加工条件を一様にして、加工変質層を少なくし、磁気特性のバラツキをなくするとともに、嵌合（かんごう）部および中心部を1チャック高精度加工として、組み立ては、ネジ締め付け方式をやめ、はめ込み方式で組み立て、組み立て後の外周部と中心部との同芯度を向上させた（図3）。

　こうした改良により、磁気的・形状的に高精度な電子レンズ部を形成し、後工程での調整をなくした。これにより生産が整流化し、大幅な直接コスト削減とリードタイム短縮を実現した。

		改良前	改良後
設計構造 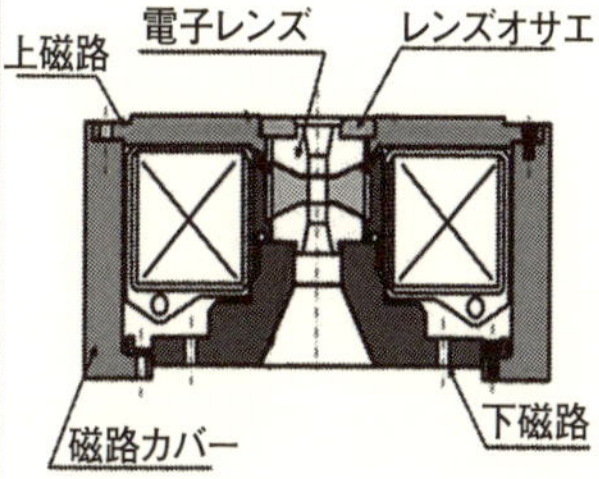 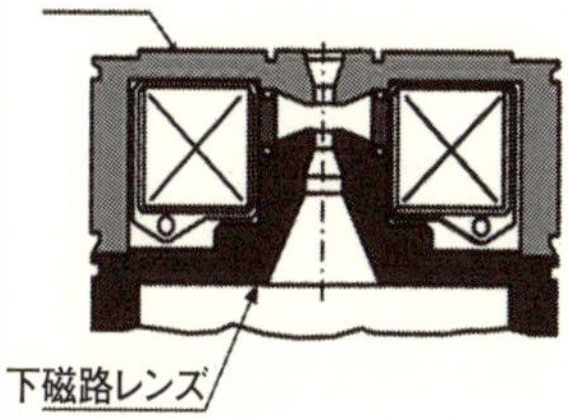		(電子レンズ部断面図) 上磁路／電子レンズ／レンズオサエ／磁路カバー／下磁路	(電子レンズ部断面図) 下磁路レンズ
製造プロセス	部品加工	▽倉切り素材 ○ダイヤモンド旋盤—ろう付け—旋盤—フライス盤	▽均一結晶組織・熱処理材 ○複合部品NCターニングセンタ 1チャック一体加工
	組立	ネジ締結	高精度はめ込み結合
	調整	・研磨剤による非点収差修正	（最終修正なし）
結果	性能 磁気特性		磁気分布均一度向上
	性能 形状精度	同芯度0.1mm、ギャップ0.05mm	同芯度0.01mm、ギャップ0.01mm
	コスト 部品数	10	5
	コスト ネジ数	12	0
	コスト 工程数	40	10
	コスト 直接コスト比	10	1

図3　電子レンズ部設計の改良前と改良後

(3) 試料室の設計改良

　試料室は、試料を大気から遮断し、電子線を照射して測定する所であり、高真空の本室と大気中から真空中に出し入れする試料交換機構から成っており、各所にシールが必要で複雑な構造になっている。従来の構造は、試料室本体の中にパイプを溶接する構造をとっていた。この構造では、溶接変形があるので溶接後加工を必要とし、さらに気密性を保つためＯリングを介してネジ締めするため、面と面が直接結合せず、精度がでない。また、Ｏリングから有機物が発生するなどにより、真空度が劣化する。

　これらを解決する方法として、歪みの発生がなく、かつ耐真空シールも良好な高精度接合法である真空ろう付け法（オーブンブレージング法）の利用を考えた。入り組んだ形状をNC機により高精度に加工して、接合隙間を一定に保ってろう付けし、一体部品としてシキリパイプ、Ｏリングなどを廃止した。これにより、ネジ結合構造でないため、同芯度も向上し、きれいな真空試料室が得られ、組立調整作業を廃止でき、部品数、工程数も半減した（図4）。

(4) 真空排気系の設計改良

　鏡体内部を真空に引くための排気系についても複雑な構造となっていたため、現地での据え付け、位置合わせ調整に時間を要していた。従来は排気系の枝管とメインの排管を3次元形状で溶接しており、溶接熱変形を押さえるため、頑丈な溶接治具を必要としたが、それでも溶接変形による位置ずれが大きく、鏡体排気口と排気系枝管の位置合わせのためにベローズ（蛇腹構造を持つ継手）を間に入れていた。このため、剛体構造でなくなった排管を支える架台が必要であった。

　これを改良するため、溶接熱変形を少なくする溶接法として、平面同

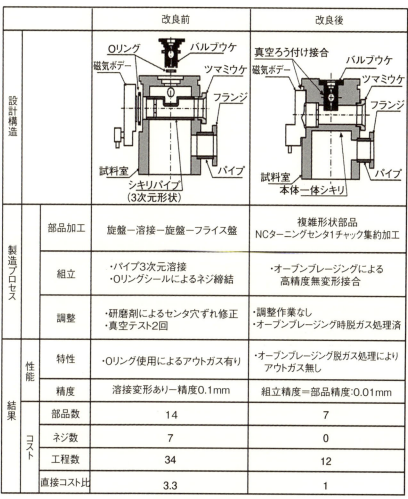

図4　試料室設計の改良前と改良後

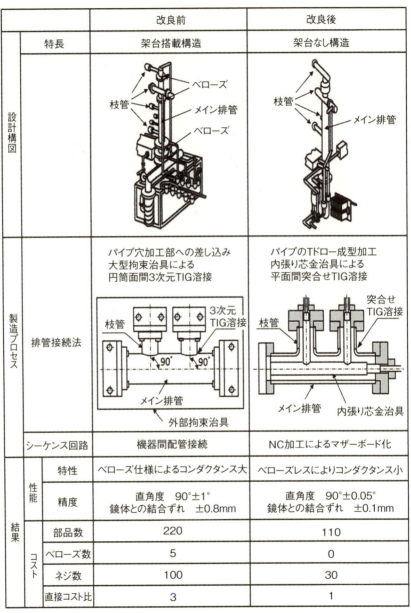

図5 真空排気系設計の改良前と改良後

士の突合せ溶接方式を考えた。そして、平面形状とするため、パイプの溶接部をTドロー成形（T型形状に突起を張出す加工法）し、高精度位置決めする芯金内張り治具により、被溶接平面部分を突き合わせ締め付けてTIG溶接（母材どうしを直接溶接する方式）を行なうことで鏡体との位置ずれをなくすことができた（図5）。

これにより、ベローズが不要になって、据え付け調整が不要となり、高真空・高排気速度が得られ、排管自体が剛体になり、架台も不要となり、耐震性も向上し、構造がシンプルとなって、コストも大幅に低減できた。

本方式は、機能を達成するために、製造法の革新をして、構造をシンプルにする生産技術の代表例である。そして、内張り溶接法の考え方は、各種真空製品の構造革新になり、後に新幹線車輌構体の溶接法に生かし、生産リードタイムを1/3にすることに貢献した。

1.1.4 電子顕微鏡プロジェクトの成果

本プロジェクトの成果は次のとおりである。

(1) 顧客価値の向上

性能面では、鏡体内部をアウトガスの出ない高純度な真空室とすることにより、電子銃チップ切れが発生しなくなり、またきれいな像が安定して得られるようになった。

品質面では、①鏡体内部のクリーン化による経年変化なし、②真空排気系の排気管・架台一体軽量化構造による耐震性向上、③電子レンズ、試料室などユニットごとの精度向上と互換性によるメンテナンスフリーなどが挙げられる。

次に、常時継続的に安定した像が得られるようになった結果、この事

業の市場は研究分野一辺倒から、生産ラインに使われるようになり、半導体生産、医薬品生産などの微細化、歩留まり向上、工程改善などに貢献し、用途が飛躍的に拡大した。

(2) 経常利益の改善

電子顕微鏡事業の売上高経常利益率は、大幅に改善し、不採算事業から脱却した。

コスト面では、部品点数、製造工程数の削減により直接コストが大幅に低減した。また、部品加工・組立・調整・据付リードタイムが半減したことと、製品の基本性能向上による特殊仕様受注品が減少したことにより、間接コストも低減が図れた。

(3) 持続的発展のための製造方式の確立

電子顕微鏡事業において開発・新設した次の製造方式は、40年経過した現在もなお利用され発展している。

- ・耐真空加工・処理職場
- ・電子銃、ポールピースなど高精度部品製作用の設備開発とクリーンルーム
- ・NC工作機50台を含む高精度、高能率な群管理機械加工職場

1.1.5 事業再生のマネジメント

1961年に日立製作所計測器工場（現在の日立ハイテクノロジーズ）は工場として独立し、プラント計測制御する工業計器、電力用リレー、電気計器からなる工業計器部門と、電子顕微鏡・質量分析装置などの電子装置、血液自動分析・分光分析の光学装置からなる理化学機器部門の二つの事業セグメントで運営されていた。

そして、1960年代、初代工場長（工業計器畑）、2代工場長（理化学機器畑）は、次代を先取りする優れた製品を次々に開発事業化して、新市場を切り拓き大きく成長してきた。これら製品部門の特徴を生産方式という観点からみてみよう。工業計器部門は、プラント・電力などのオンラインに使用される製品である。低価格、中量産（100～200台／月）、高信頼および無事故運転が要求され、ローコストエンジニアリングを駆使した量産技術、品質作り込みによる均一で互換性のある製品作りをしていた。

一方、理化学機器部門は、大学・研究所に納める製品がほとんどであったことから、高性能、高機能の製品をいかに早く市場に出すかに重点が置かれていた。生産は多品種少量生産で、信頼性・製品互換性はどちらかと言えば後回しになっていた。特に、電子顕微鏡は、価格が1台数千万円～数億円、生産数量はせいぜい月10台と少量であった。製品は顧客ごとの応用設計が多く、製品納入ごとにサービス員を世界中に常駐させることになり、事業としては採算ラインを下回っていた。しかし、電子顕微鏡は工場全体の売上の1/3を占めており、将来一層の伸長が期待される製品であり、この黒字化が焦眉の急であった。

1969年、3代目工場長が他事業部門（重電畑）から赴任し、開発一辺倒から「良い品を安く早く作れ」と号令をかけ、生産性向上、品質向

上へと舵を切った。そのため工場に生産技術部を新設した。そして、初代の生産技術部長が高精密製品の多品種少量生産品の生産性の向上として、「新製品開発と生産技術の結合」を掲げ、製品設計時点でシンプルな構造とするための製造技術を開発するという方針を立てた。ちょうど吉田は本社生産技術推進センタ機動部隊（PT チーム）での2年半の任務を終え、新設された工場の生産技術部に戻った。

　そして吉田は、生産技術部長の下で、1970 年に NC（数値制御）加工ショップを立ち上げ、部品加工の合理化をした。71 年は、電子顕微鏡を中心に NC 機の活用による構造設計の改善に取り組み、72 年に新製品開発と生産技術の結合による電子顕微鏡の事業再生に取り組んだ。

(1) NC 加工集約職場の立ち上げと運営（1970 ～ 71 年）

　吉田は、導入した NC 工作機械8台（NC 旋盤2台、日立製作所試作初号機～ 4号機の NC フライス盤4台、NC マシニングセンタ1台、NC ボール盤1台）に汎用機3台を加えた NC 加工集約職場の立ち上げと、各製造部から独立した独立採算制での運営を、生産技術部長から命じられた。

　運営にあたっては、エンジニア3人（大学卒新人）、オペレータ技能職新人6人、工場最古参組長2人のチーム編成とした。最初の3カ月で、工作機の改善・修理を行ない、二人の組長に切削諸元、バイト形状、切削油のかけ方などを教わりながら、吉田を含むエンジニア4人とオペレータ6人全員で、NC プログラム作成と操作実習をし、加工プロセスを習得した。

　また、非量産部品加工においては、頻繁な段取り替えがあり、段取り時間を減らすことが、加工諸元の改善による加工時間の短縮とともに、NC 機の有効実稼働時間の向上を図ることになり、コスト低減とリード

タイム短縮に大きな効果をもたらすと考えた。

そこで、NC機上でのセット時間を大幅に削減するため、図6に示すプリセットシステムを考えた。作業指導書、NCプログラムテープ、スローアウェーチップおよびATC用プリセットツール、治具、測定具、被削素材を事前にワゴン台車にセット保管し、同時に効率的な作業順番を決めるプリセットセンタ（生産下ごしらえ準備室）を設置したのである。

そして、汎用機で行なっていた部品加工のうちの高精度難削材（ステンレス、ニッケル、コバルト、チタン、純鉄）および多工程を要して加工していた複雑形状部品を、コスト1/2～1/3で請け負い、NC加工試作を行なった。

1年後、NC稼働率は100％（汎用機30台分に相当）、投資を1年で回収し、独立採算部門として、黒字経営となった。また、これらにより、チームメンバーは大きく成長し、4人のエンジニアによる製品設計改善施策・実験、加工法改善試作、小型設備開発・試作など、試作ショップとしての役割も果たすことができた。

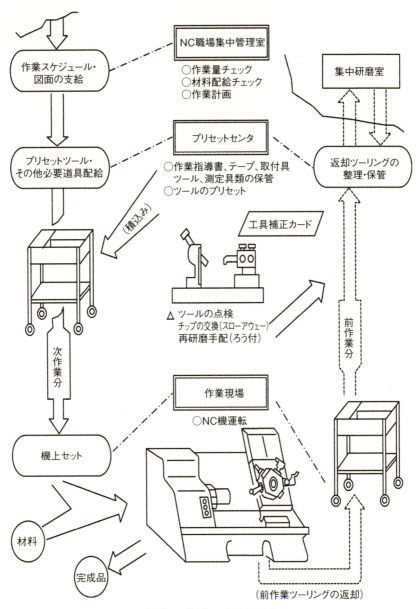

図6 プリセットシステム

(2) NC 機の活用による合理的メカ設計 (1971 ～ 72 年)

　汎用工作機で行なっていた部品加工を NC 機加工に置き換え、部品コスト削減の効果を得たが、NC 機をさらに有効利用することを考えた。汎用機で行なっていた部品加工を単に NC 加工に置き換えるという使い方にとどまらず、NC 機の持つ高い自由度特性を活かして、従来加工法的に制約を受けていた（設計）製品構造を加工上の制約から解放する。そして、製品性能向上および生産工程を単純化する見地からとらえた抜本的な設計構造の改善に取り組み、大きな波及効果を得た（図7）。

　例えば、電子顕微鏡では次のような改善である。

・製品構造の簡素化と部品機能の集約を目的としたブロック化設計
　　（例）電子銃室、電子レンズ部
・NC 加工とオーブンブレージングによる接合技術をうまく組み合わせたネジ締め付け構造廃止
　　（例）試料室、架台、排気系
・加工条件均一化による性能向上設計および商品力を高めるデザイン
　　（例）ポールピース、鏡体波面形状

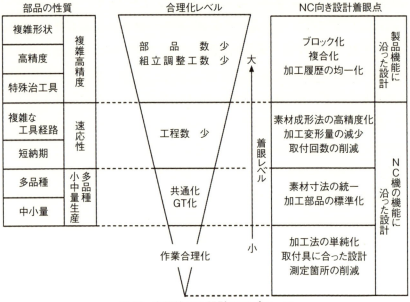

図7　合理的メカ設計のアプローチ

第1章　事業再生プロジェクトの実践事例　35

(3) 新製品開発と生産技術の結合（1972 ～ 73 年）

　これまでの生産技術活動は、製品試作が終わった製品設計構造に対して、生産準備の段階で部品加工法、治工具準備、組立法、調整法などを考えていた。これを一歩進めた活動として、より源流の製品開発－生産性設計の段階から入り込んで、製品性能の向上と生産性の向上を目指した製品構造を考え、これを達成するための高精度製造技術開発、設備開発を行なうこととした。

　そして図 8 に示すように、生産性設計の段階で、製品性能目標を得るために必要な製造精度を計算で求め、これを達成するために部品数最小・最終調整最小にするシンプル構造を考えた。試作段階では、性能を作り出す高度な製造技術開発とそれを実現する生産設備開発（新たに 5 人の設備設計者を追加投入）をした。設備の最適加工条件を求めながらキーコンポーネント性能に対する実験評価を繰り返すことにより、製品性能と生産性の向上を達成した。

　こうした方式を取ったことで、製品性能と生産性向上を実現することができ、生産を整流化できた。

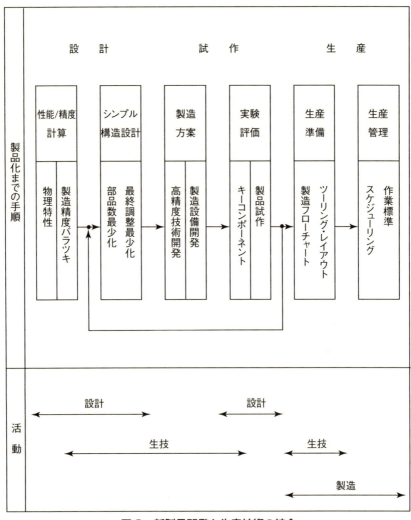

図8　新製品開発と生産技術の結合

(4) NC 群管理機械加工職場の設立

電子顕微鏡事業再生を通して、設計―生産ツールとしての NC 機活用による経営改善効果が実証されたことから、従来は工業計器部門、理化学機器部門に別々にあった機械加工職場を集約・革新して、図6で示したプリセットシステムによる NC 機50台を含めて、旋盤、フライス盤などを群別に配置・管理する群管理機械加工職場を設立し、全工場製品の複雑高精度な部品加工を合理化した（図9）。

この取り組みは、その後日立製作所の NC モデルラインとして認定され、2016 年現在 NC 機100台まで拡充した群管理工場に発展し、精密製品の生産を担っている。

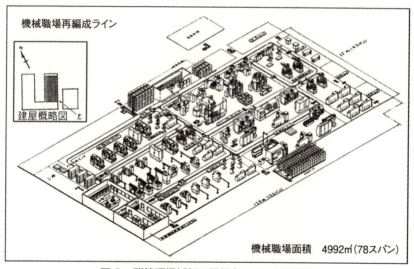

図9　群管理機械加工職場（1977 年当時）

1.2	**事例2：工業計器伝送器半導体圧力センサ** **—新センサの開発による工業計器事業の再生—**

1.2.1 | 半導体圧力センサ開発の背景

日立製作所の計測器工場（現在の日立ハイテクノロジーズ）は、1960
〜70年代、電子顕微鏡、光学分析機器などの理化学機器部門と、鉄鋼、
化学、上下水道などプラント計装・自動制御を行なう工業計器部門との
二つのセグメントで事業運営を行なっていた。60年代には国内でのプ
ラント新設ラッシュに伴い、工業計器部門は急成長を遂げた。70年代
に入ると国内プラントの新設ラッシュが一段落し、中東、ソ連、中国な
ど海外でのより厳しい使用環境下でのプラント新設に移行した。

工業計器は、プラントの状態量である圧力、流量（＝差圧）、温度な
どを検出し、伝送器でこれに比例した伝送信号に変え、設定信号と比較
し、この偏差信号でバルブを操作し、プラントの状態を常に設定値に保
つものである（図10）。したがって、プラントの性能は、検出端である
伝送器の良否で決まってしまうため、各工業計器メーカーは競って、こ
の開発に力を入れている。

日立においては、1965年ワイヤストレインゲージを用いた差圧およ
び圧力伝送器を開発した。流量を測定する差圧伝送器は、差圧をダイヤ
フラムで受圧し、その動きをカンチレバーに貼り付けたワイヤストレイ
ンゲージで差圧信号を電気信号に変換する。圧力伝送器は、圧力をブル
ドン管、連結レバー、カンチレバーで機械的に増幅し、カンチレバーに
貼り付けたワイヤストレインゲージで圧力信号を電気信号に変換する。

発売して以来、業界に確固たる優位性を築いてきたが、70年代に入っ
てから、山武ハネウェル、横河電機などが従来の0.5級に対し、0.25級

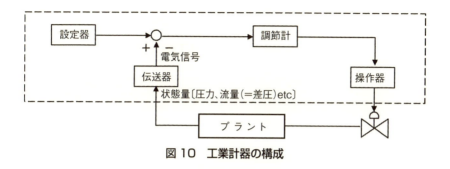

図 10　工業計器の構成

の高精度な差圧伝送器・圧力伝送器の製品化の動きがあり、これに対抗するため、耐環境性に強い高精度の半導体圧力センサを開発し、80年に製品化して業界をリード、工業計器事業の再生を果たした。その後も発展を続け、30年後の現在まで事業を持続している。

　半導体圧力センサは、シリコン単結晶に加わる圧力変化を電気的な出力変化としてとらえるもので、従来のワイヤストレインゲージに比べ、50倍の感度を有する。したがって、圧力伝送器では、従来は機械的に増幅してからワイヤストレインゲージで電気的出力を取り出すのに対し、半導体圧力センサは感度が高いため、機械的増幅は不要で連結箇所がなく、圧力を直接受ける単純な構造となる。したがって小形化でき、機械的経年変化がなく、部品点数が少なく、本質的に信頼性が高く、安価にできる（図11）。

	従来形（ワイヤストレインゲージ）	新形（半導体ストレインゲージ）
方　　式	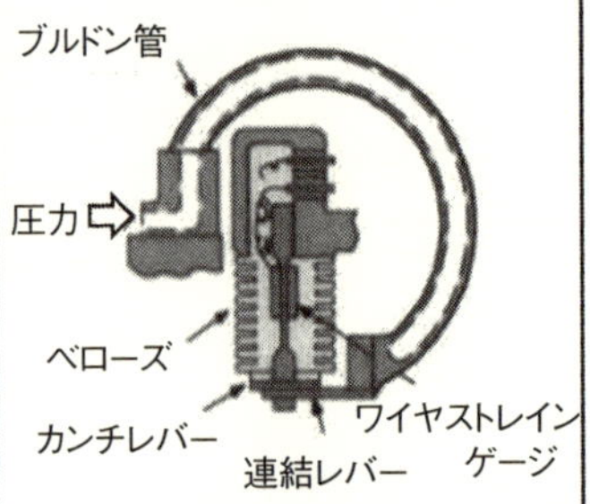	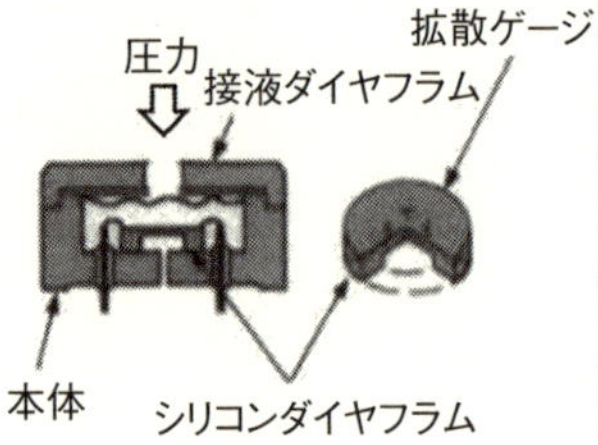
精　　度	±0.5%	±0.25%
出力（感度）	30〜10mV	30〜500mV
大きさ	φ170×60	φ68×72
使用環境	−20〜80℃	−40〜120℃
部品数	286	131

図11　圧力伝送器の従来形と新形の比較

1.2.2 製造プロセス開発とクリーンルーム新設

半導体圧力センサの製造プロセスと主要技術は、図12のとおりである。

プロセス		要求仕様	一般水準	主要技術
ホトレジ拡散	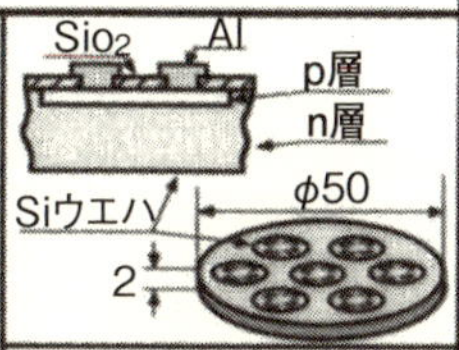 Sio₂ Al p層 n層 φ50 Siウエハ 2	拡散精度 抵抗値±0.5% 温度係数24~28%/100℃	± 5%	ホトレジー貫処理 超高真空封止切拡散 パッシベーション膜形成 電子ビーム蒸着
形状加工	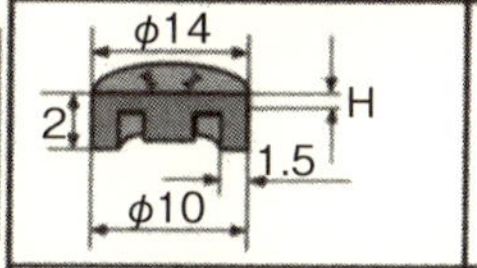 φ14 H 2 1.5 φ10	形状精度±3μm 耐圧強度5,600με （応力110kg/mm³）	± 10μm 500με 10kg/mm³	超音波丸抜き加工 超精密凹形加工 超精密薄片加工
接合	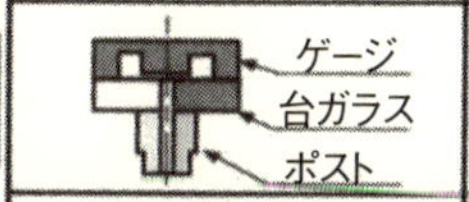 ゲージ 台ガラス ポスト	耐圧強度5,600με 気密性1×10⁻⁷Pa/s ヒステリシス0.05%	500με 指定なし 〃	アノーデックボンディング Au-Si接合 C.C.B.
組立	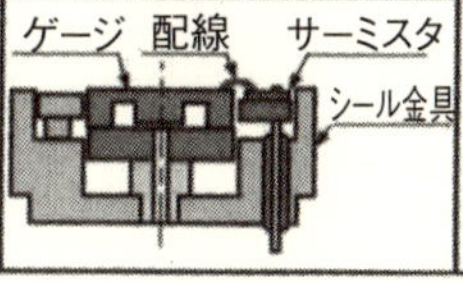 ゲージ 配線 サーミスタ シール金具	直線性±0.2% 温度-40℃~120℃	± 0.5% -20℃~80℃	ハーメチックシール 電子ビーム溶接 温度特性補償 レーザートリミング

図12　半導体圧力センサーの製造プロセスと主要技術

製造プロセスは、直径50 mm（2インチ）、厚さ2 mmのSi単結晶ウェハにゲージ抵抗パターンを拡散し、次にウェハから直径14 mmの丸形チップを切り取り、これをリング状溝形状（以下凹形と呼ぶ）に加工し、薄い膜（20μm程度）を残すまで形状加工し、Siダイヤフラム圧力センサを形成する。この凹形Siダイヤフラムは、絶縁物（パイレックスガラス）を介して、金属（Fe-Ni）ポストに接合される。チップ内に形成された抵抗パターンは、チップまわりの厚膜サーミスタ基板の配線部とハーメチックシールされたピンをワイヤボンディングし、電気信号を外部に取り出し、レーザトリミングで温度補正する。

42

これらプロセスは、一般のIC半導体技術水準に比べ一段と高いスペックが要求されることから、両面マスクアライナ、超高真空封止切拡散装置、三元電子ビーム蒸着装置、超精密（高速空気軸受式）凹形加工機、超精密平面形成レンズ磨き機、アノーディックボンディング炉、コントロールコラプスボンディング（C.C.B.）、レーザトリミング装置など、独自に世の中にない設備を開発し、世界で初めて半導体圧力センサの工業化に成功した。

この技術開発の中で、特徴的な3つのポイントについて述べる。第一のポイントは、通常の静止形IC半導体に比べ、脆い単結晶Siダイヤフラムに歪みを加えて使われることから、いかにマイクロクラックのない加工変質層の少ない高精度のSiダイヤフラム薄膜を作るかである。第二のポイントは、このSiダイヤフラムを絶縁物（パイレックスガラス）を介して金属ポストに歪みを起こさず高温使用に耐える接合をするかである。第三のポイントは、一般静止形IC半導体に比べ、1/10のパターン精度を形成する必要があり、微細な汚染物も許されず、超クリーンな製造作業環境と超純水、超高純度ガスの供給が欠かせないことである。

1）まず、第一のポイントについては、空気軸受式・エアタービンによる高速無振動ダイヤモンド研削盤（図13）を開発し、砥石、研削液、研削諸元など周辺技術に検討を加え、マイクロクラックのない高精度薄膜ダイヤフラムの加工方法を確立した。

すなわち無振動で凹形状加工を行なうため、研削盤の構造は、ダイヤモンド砥石主軸をエアタービンで高速回転させ、空気軸受で無振動化、ワーク軸は主軸と偏心させ、空気軸受により無振動低速回転させる。そしてダイヤモンド主軸の中心部から研削液を高速でワークに吹きつ

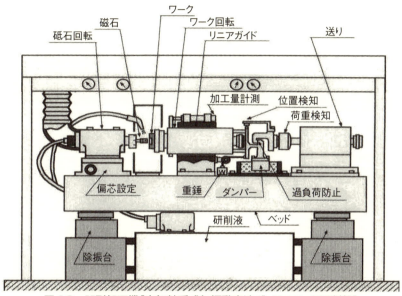

図13　凹形加工機［空気軸受式無振動高速ダイヤモンド研削盤］

け、研削切粉を排除し、マイクロクラックを防止している。さらにロードセルにより、一定の研削抵抗になるように、送り速度を調整して加工変質層を少なくする。そして、非接触のレーザ計測により、寸法形状精度（ダイヤフラム膜厚寸法精度）を確保している。これらの装置全体がサーボ除震台の上に乗った石定盤をベースにした構造として、外部からの振動から絶縁している。この凹形加工機は、生産技能研修所で5回の改良試作を経て、周辺技術にも検討を繰り返し完成した。

　2）第二のポイントについては、Siダイヤフラムを絶縁物（パイレックスガラス）を介して金属ポストに接合するため、接合面がリンギング（固着して離れなくなる現象）を起こさせるほどに平らにする研磨技術を開発した。また、熱と電圧を印加することで接合するアノーディック

ボンディングを実現する炉を開発し、接合剤を使わずに、ひずみなく高温に耐える接合を達成した。アノーディックボンディング（陽極接合）は米国マロリー社の特許であるが、実用化されないうちに特許が期限切れとなった。そこで、実用化に取り組み、世界で初めて成功した。

3）第三のポイントのクリーン化については、高レベルのクリーンルーム化と超純水・超高純度ガスの供給を実現した。クリーンルームについては、ホトレジ、拡散、蒸着、加工、組立をクリーン度に応じて独立したクリーンルーム（図14）にし、仕切りの隔壁をステンレス材で形成し、汚染物混入を極端に減らし（クラス10以下）、入室者が前室のエアーシャワーを通って入室するのはもちろん、材料の台車は水を含んだマットを通して入るというように、外部からの汚染物の徹底排除を図っ

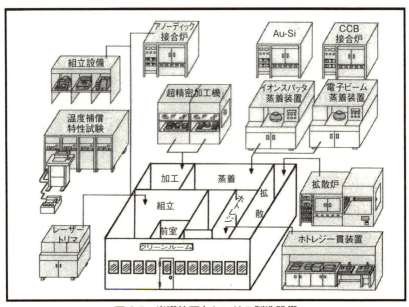

図14　半導体圧力センサの製造設備

た。今日でも、これほどレベルの高いクリーンルームはほとんどない。また、超純水・超高純度ガスの供給については、配管をすべてステンレス材とし（当時は鉄・銅の配管が一般的）、継手の溶接を徹底した裏波溶接（内面に継ぎ目がない方式）にするとともに、配管をすべて循環方式として、液溜まりをなくした。また、フラッシング（洗浄）を何回も繰り返し、有機物汚染をなくした。

1.2.3 半導体圧力センサ開発の成果

(1) 顧客価値の向上

　半導体圧力センサにより、工業計器・圧力伝送器の80年の売上高は、78年に比べ3倍となった。

　売上拡大の理由としては、性能・品質の向上とグローバル市場への拡大が挙げられる。性能面では、直線性（リニアリティ）の向上（±0.5%→±0.25%）、ヒステリシスの向上（0.5%→0.1%）、測定レンジの拡大（5倍に拡大）、耐環境性の向上（-20℃～+80℃→-40℃～+120℃）があり、品質面では、ワイヤストレインゲージ方式から半導体ダイヤフラム方式にしたことにより、クリープなし、摩耗による劣化なしとなった。また、クリーンルームでの製造および全数30%過負荷試験後出荷により不良が皆無となった。

　こうした性能・品質の向上によって、耐環境性の高い小形高性能圧力センサを開発でき、極暑・極寒地域のプラントに耐え得る製品となり、グローバル市場での売上が拡大した。

(2) 経常利益の改善

　工業計器・差圧および圧力伝送器の売上高経常利益率は、大幅に改善

し、赤字から黒字に転換した。

　コスト面では、部品点数 1/2 および半導体圧力センサ内作化により購入品量が半減し、直接コストが 20% 低減した。また、間接コストについては、リードタイム面で、長納期の購入品をなくし、組立調整工数大幅減によって工期を半減できた。また、設備の自家開発と遊休設備の活用により、投資額を通常レベルに比べ 1/10 とし、2 年で回収することができた。

(3) 持続的発展のための基盤構築

　半導体圧力センサで開発・確立された、超精密加工、高精度半導体、薄膜・厚膜プロセスなど、ナノテクノロジーの先駆けとなる製造技術・製造プラントのクリーン化技術のイノベーションは、現在も続く 30 年を超える事業継続の基盤となっている。そして、こうした世の中にない設備を自家開発することで、他に類のない製造プロセスを確立でき、また多くの優れたエンジニアの育成ができた。これにより、その後、自動車用圧力センサ・エアバッグセンサ、MEMS 応用製品などの製品が展開されている。

1.2.4 半導体圧力センサ開発のマネジメント

〈研究中止のピンチ〉

　70年代に入り、プラント新設は国内から海外に移り、ワイヤストレインゲージ方式差圧および圧力伝送器では海外の環境に性能的に対応できなくなり、工業計器の業績が悪化してきた。

　そこで、当時工場の生産技術部主任技師であった吉田は、工業計器設計部の製品設計主任技師（ワイヤストレインゲージ方式開発者）に対しワイヤストレインゲージ方式に代わる高性能の新方式製品を考えていないかと廊下でたずねた。すると、「半導体圧力センサ方式を考えている。5年前から研究所に依頼研究を出しているが、なかなかうまくいかず、しかも脆性材である半導体Si材料に歪を与えるということは原理的に無理ということから、研究を中止するという瀬戸際にある。しかし、これを成功させることが、じり貧を救う唯一の道であると思うので、協力してくれないか」という返答があった。

　幸い吉田は、本社PTチームの一員として、半導体工場で世界初の半導体ホトレジ・エッチング自動一貫装置（日立製作所の設備試作第一号機）を開発した経験と、明治生まれの技師長を始め半導体事業部幹部とのつながりも含め、半導体アレルギーがなかった。また、半導体のピエゾ抵抗効果は、微小な歪領域では高弾性を示す材料で、高い感度が得られることを知っていたので、「割れない加工法を考えれば、何とかなる」という直感で、周囲の理解が得られないまま、設計主任技師に協力して、世界でまだ工業化に成功していない「半導体圧力センサの製品化」に挑戦することにした。

〈課題の発見と開発構想〉

　早速、研究所に一人で出かけて行き、パターン設計理論解析などの研究内容の説明を受けた後、試作職場で加工している状況を二日間見て、次のような課題を見つけた。

　①半導体の薄いダイヤフラム膜形状加工の際に、クラックを与えるような普通の研削加工をしていることがわかり、ヒステリシスが発生し、経年変化がでる原因になっている。

　②半導体ダイヤフラムと母材とを絶縁物を介して接合する際に、－40℃〜120℃の使用環境に耐えられない有機接着剤を用いて行なっていることがわかり、リニアリティがでない原因になっている。

　③半導体の拡散精度が±0.5％要求に対して、一般の半導体プロセスを使って試作しているため、±5％要求精度しか満たしていない。

　新規に高精度拡散方式を考え出さねばと胸に秘め、工場に戻り、生産技術部のメンバーに相談した。

　その結果、①については、設備エンジニアと加工技能技術員が、旋盤の主軸に、高周波モータ駆動の研削砥石を取り付け、無振動加工を行なったところ、ヒステリシスは0.01％となり、目標の0.05％をクリヤした。

　②の無歪接合法については、工場唯一の材料エンジニアが電子顕微鏡電子レンズの材料開発のために作った熱処理炉と蒸着装置を使ってAu-Si接合をしたところ、リニアリティ0.01％となり、目標の0.2％以下をクリヤした。

　③の高精度半導体注入法については、電子顕微鏡開発プロジェクトで一連の脱ガス処理を確立したエンジニアが、その時作った超高真空封止装置を使ってp層、n層の種を注入する方法で試作したところ±0.5％

の拡散抵抗精度を得た。

以上の結果を3カ月で達成し、基本的な性能はクリヤできる見通しを得た。

〈設備投資中止のピンチ〉

この結果、1975年から半導体圧力センサ製品開発を本格的に進めることになり、設計主任技師の働きかけで、それまで日立研究所のみで研究していたが、全社特別研究に指定され、日立研究所では材料、半導体デバイス、特性解析を、機械研究所では応力解析を、生産技術研究所ではシリコンの精密加工研究と、3研究所総計14人で取り組んだ。

また、工場側では、工場長プロジェクトとして、設計主任技師の下に、伝送器本体設計、半導体デバイス設計、回路設計に8人、学卒新人8人、検査2人の計18人、生産技術担当の吉田の下に、製造プロセス設計、設備設計、プラント設計に生産技術部から20人、総計40人がそれぞれの職制の場所を離れ、1カ所に集中してプロジェクトがスタートした（圧力伝送器用凹形半導体圧力センサと差圧伝送器用のカンチレバー接合薄片形半導体圧力センサの2方式に取り組んだ）。

そして、吉田が設備開発計画および半導体圧力センサ製造プラント・クリーンルーム新設投資計画を作成し、工場長（1972年中央研究所副所長から第4代工場長として赴任してきていた）がそれを社長に説明したところ、半導体事業部に作ってもらえという指示であった。そこで、設計主任技師と吉田は、すぐさま半導体事業部（PTチーム時代から指導いただいていた技師長と工場長）にお願いに行ったところ、「本半導体センサは一般の半導体技術レベルに比べ10倍むずかしいし、あまりに少量生産で半導体事業部の経営としては成り立たない。バックアップするから、自分たちで独自の製造方式を開発して立ち上げよ」というこ

とで、社長宛に半導体事業部の見解書を書いてくれた。

　それを持って、工場長が社長のところに説明に行くと、今度は投資額を圧縮せよとの指示であった。そこで、吉田は、設備はすべて自家開発することにして、投資費用を圧縮する計画を作り、設計主任技師とともに、設備開発認可の権限を持つ本社生産技術部長に設備開発内容の説明に行ったところ、即座に計画した設備試作費すべての認可を得た。あわせて、PTチーム6人を2年間派遣してもらう了解を得た。

　この結果を受け、設計主任技師と吉田はさらに、クリーンルームもステンレス製の壁を自家NCタレットパンチプレスで作り、付帯設備のステンレス配管溶接も自家製作することとし、超クリーン化技術を構築するなど、高品質確保と投資額コストダウンを両立させ、通常の投資に比べ1/10の投資額ですむ投資計画、製品売上計画を作成した。工場長が社長に説明に行き、3度目でようやく了解を得た。工場長は、常務会で説明し、認可を得た。まさに、工場長の並々ならぬ執念であった。このことから、プロジェクトメンバーも、3年後に製品を世の中に出すという思いで、全員が燃える集団となった。

〈設備の自家製作〉

　設備の自家製作については、半導体事業部から、半導体および厚膜・薄膜用の遊休設備（ちょうどウェハサイズが2インチから3インチに切り替わる時期で、2インチ設備が遊休となっていた）を大量に譲り受け、改造した。また、世の中にない超精密設備の製作にあたっては、設立時に吉田が精密設備選定・導入の支援をした生産技能研修所の4カ月工作研修課題に取り上げてもらい、専門教授と全社から集まる一級技能者と精密機械によって、次々と世の中にない設備が作り出された。結果として、3年で通算12設備試作を完成させた。

〈技術資産の活用〉

　また、本社生産技術部の工作部会長主催による全社から広く専門家が集まるプロフェッショナルグループ（PG）に、半年ごとに2日間にわたり、設備、プロセス、クリーン化、品質コントロールなどについてレビューを受けた。さらに、吉田がPT時代に指導を受けた明治生まれの二人の技師長（当時全社で技師長は二人だけ）から半年ごとに、空気軸受の設計法、X-Yステージの設計製作法、プロセス・フローなどについて指導してもらった。このように、日立の持っていた全社の優れた技術資産をフル活用し、市販設備を購入しただけではできない差別化設備を開発できた。

　そして、設備クリーンルームが完成したところで、半導体プロセス、加工、接合、厚膜・薄膜、ハーメッチシール・レーザトリミングの工程ごとのプロセスばらつきを最小にするプロセス条件決めを行なった。同時に、製品を通して流してみての最終性能と各プロセスの相関を調べることを3カ月で行ない、2方式の半導体圧力センサが完成した。

〈受注してからの方式変更のピンチ〉

　次に、凹形半導体圧力センサを直結した圧力伝送器と、薄片半導体圧力センサをカンチレバーに接合する差圧伝送器を、1台ずつ製品試作を行ない、1979年に目標性能を達成した。

　その時点で、すでに設計部長になっていた前述の設計主任技師（プロジェクトリーダー）は、A社から海外プラント用の1000台弱の大型受注を受けた。それは、大半が差圧伝送器で、1年後に納めなければ違約金を支払うという契約であった。受注品の生産を始める段階で、差圧伝送器用の薄片半導体圧力センサチップのカンチレバー接合は歩留りが5%しか達成せず、そして一方、圧力伝送器用の凹形半導体圧力センサ

の歩留まりは 80% であった。

このため、1977 年から就任していた第 5 代工場長から、差圧伝送器も伝送器本体の構造を変更し、センサは圧力伝送器用の凹形半導体圧力センサに統一する指示がなされた。そこで、毎週月曜日始業前の 1 時間工場長室で、工場長、設計部長、設計主任技師、検査主任技師、吉田と 5 人で 3 カ月間推進ミーティングを行ない、伝送器本体の改造、センサの歩留り向上（100%）、短リードタイムの生産方式に取り組み、試行を重ね、性能を達成した。

この後も、工場長の陣頭指揮のもと、製造部・検査部なども加わり、納期の 3 カ月前に 1000 台を作り終え、残り 3 カ月で全数 30% 過負荷寿命試験、耐環境性品質確認試験を経て、納期どおり納入することができた。幸い納めたものは現在まで無事故で運転している。

以上のように、開発から事業化までの間、研究中止のピンチ、設備投資中止のピンチ、受注してからの方式変更のピンチ、という 3 度の大きなピンチを乗り越え事業化できた。

本プロジェクトによってエンジニアの能力が格段に向上し、その後、設備設計者はステッパの開発に、プロセス設計者およびクリーンルームプラント設計者は世界一の半導体新工場建設に、従事することになった。

第1章 事業再生プロジェクトの実践事例　53

| 1.3 | 事例3：半導体プロセス用縮小投影露光装置（ステッパ）
　　─事業再生と事業からの撤退─ |

1.3.1 ステッパ事業再生の背景

　産業の米と言われた半導体デバイスは、集積度が3年ごとに4倍、回路最小線幅 $1/\sqrt{2}$、チップの大きさ1/2倍という「ムーアの法則」があり、これに伴いウェハサイズも直径2インチ、3インチ、5インチ、6インチと大きくなる。このような微細化、ウェハの大断面化の傾向が続けば、サブミクロンからナノメータの領域の技術が必要になる。このため、3年ごとに超精密で大型化する製造装置の開発が必要であった。

　こうした事情を背景に、1970年代後半、日本では国を挙げて日の丸半導体を作るべく、国家プロジェクト超LSI研究組合が発足し、半導体デバイスを作り上げる装置開発を推進することとなった。これに呼応して、日立製作所は半導体ウェハプロセスの核となる製造装置を中央研究所で開発した。そして、1979年にこの開発成果の事業化を決定した。

　半導体ウェハプロセスは、電子線露光装置でレチクルマスク上に描画された回路パターンをシリコンウェハ $SiO2$ 膜表面上に塗布されたレジストに転写し、レジスト上に形成された回路パターンをマスクとして、$SiO2$ 膜をエッチングする。そしてエッチングされた窓に半導体不純物（p，n）を打込み（ドーピング）、さらに絶縁膜、配線膜などを成膜するという処理サイクルを20回以上繰り返して、半導体ウェハプロセスを完成する（表1）。

　日立製作所ではこの製造装置のうち、電子線露光装置（EB）、縮小投影露光装置（ステッパ）、プラズマエッチング装置（エッチャー）、イオン注入装置（イオン注入）を計測器事業部那珂工場で、成膜CVD装置

表1 半導体ウェハプロセスと製造装置

プロセス	ウェハ断面	装置（略称）	担当事業所
マスク作成 （レチクル描画）	マスク レジスト SiO_2 Si	電子線露光装置（EB）	日立製作所 計測器事業部 那珂工場
ホトレジ		縮小投影露光装置（ステッパ）	
エッチング	SiO_2 Si	プラズマエッチング装置（エッチャー）	
不純物（p.n） ドーピング	SiO_2 不純物 Si	イオン注入装置（イオン注入）	
成膜	CVD膜 SiO_2 Si	成膜CVD装置（CVD）	日立国際電気

を日立国際電気で事業化した。

日立製作所計測器事業部の那珂工場半導体装置設計部門では、担当していた4製品のうち、デバイス集積度の進歩を直接左右するステッパに経営資源の80%をつぎ込み、当時デバイスメーカー市場をほぼ独占していた米国 GCA 社のステッパに搭載されていたツァイス社（ドイツ）の縮小投影レンズを採用した g 線（波長 436nm）のステッパを製品化し、日立社内半導体デバイス工場の量産ラインの進歩発展に寄与してきた。しかしながら、ステッパ事業は GCA やニコンの後追いの上、開発が延び延びになっていたため、常に背伸びしたスペックの受注を取っていた。さらに半導体デバイス側の微細化の進展に対応すべく、追加要求が頻繁に起こり、リピート受注にはこの要求に応える必要があった。これにより納入後、個別対応・改良を繰り返し、生産が混乱し、事業化以来赤字が続いた。また、貴重なエンジニアがこの改良対策に追われ、次の開発も遅れるという悪循環となっていた。そして、80 年代に入って、キヤノンも参入し、競争が激化しつつあった。

吉田は 84 年に、半導体装置設計部長に起用され、事業再生を担うこととなった。就任に当たって、装置を構成するキーコンポーネントに対し、高度な光学技術を磨き上げ、超精密機構設計製造技術の革新とプロセス対応力の強化を目指した。

まず、第一に、現行デバイス 1MDRAM 用製品（g 線ステッパ）に対しては、性能スペックをダウンさせても、デバイスユーザの稼働率向上を考えた、信頼性のある安定した装置を納期どおり納めることの徹底を図った。また、改良事項は、生産ラインを乱すことなく、個別に事前に十分な実験を行なって、スペックを満足する評価結果と製造法を確立してから、顧客に提案することを習慣づけるようにした。

第二には、他社の動向をベンチマークし、次世代デバイス（4MDRAM）用の待ち伏せ製品については、目標性能のものを、目標期限どおり競合他社に先駆けて完成することを推進した。

　第一を実行した結果、顧客からの信頼が高まり、また第二を 1 年前倒しで開発できたことで、現製品（1MDRAM 量産向け）に対して注文が増え、売上が伸び、87 年にステッパ事業の黒字化ができた。しかし、その後、次々世代機（16MDRAM 用）のための照明系および縮小レンズの開発ができず、94 年に事業から撤退した。

1.3.2 ステッパの構成原理と性能

(1) ステッパの構成原理

　ステッパの構成原理は、照明系の露光光源から出た光はコンデンサレンズで均一な照明光に変えられた後、レチクル上の回路パターンを 18 枚からなる縮小（1/5）投影レンズを通して、ウェハ上のチップに 1/5 に縮小投影される。次に、パターン検出器により、レチクルステージ上のパターン位置とウェハステージ上の前工程で作られたチップパターン位置を検出し、相対位置ずれがゼロになるようにステージを移動させる。さらに焦点合わせをした後、レチクルパターンをウェハ内チップ上に焼付けを行ない、順次ステップ・アンド・リピートを繰り返して、ウェハ全面のチップに焼付けを完結する（図 15、図 16）。

　そして、ステッパの構造は、除震台に乗った高剛性の筐体ベースにより、外部からの振動を遮断し、平面度、平行度、真直度などの機械精度を出し、レンズ光学系、精密位置決め移動機構がベースに乗っている。装置全体が、恒温クリーンチャンバーに納められている。高度な光学技術、超精密加工技術、制御技術、システム技術などが詰まった超精密機

械である。

図15　日立縮小投影露光装置　LD-5010形外観

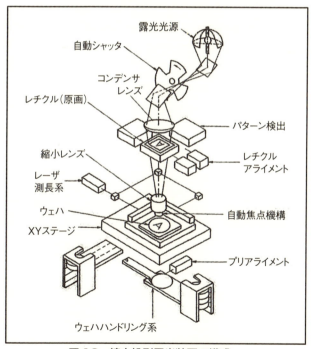

図16　縮小投影露光装置の構成

(2) 性能

 ステッパの性能としては、解像度（焦点深度）、重ね合わせ精度、ス
ループット（時間当たりウェハ処理枚数）が重要で、半導体デバイスの
微細化に伴い、この向上のためには、高解像度縮小投影レンズ、高精度
アライメント方式、高速高精度位置決め X-Y ステージ移動の基本技術
の確立が必要とされた。

1) 解像度（焦点深度）性能─縮小投影レンズ性能

 解像度は、デバイス線幅の 70% 程度が求められ、またデバイスが微
細化するほど高段差形状プロセスとなることから、焦点深度幅が小さく
ならないことが望ましい。

 解像度 R および焦点深度 DOF（Depth of Focus）は、レーリーの理
論に基づき露光光の波長 λ と、縮小レンズの NA（開口度）により次式
で示される。

$$R = 0.6 \times \lambda / NA$$

$$DOF = \lambda / 2 \, (NA)^2$$

 この関係式から、解像度は、波長 λ に比例し、開口数 NA に反比例
する。一方、焦点深度は、波長 λ に比例し、開口数 NA の二乗に反比
例する。したがって、解像度を向上させるには、波長をより短くするか、
NA を大きくするかであるが、NA を大きくすると焦点深度が浅くなる。
このため、より短波長にして、解像度を向上させる必要がある。

2) 重ね合わせ精度─アライメント方式

 ステッパにとって、前工程で露光したウェハパターンに対し、現工程
でのレチクルパターンをずれなく重ね合わせて露光する必要があり、露
光工程を 20 層も繰り返せば、累積合わせずれが大きくなり、半導体生

産歩留まり悪化に大きく影響する。半導体メモリの場合、重ね合わせ精度は最小線幅の 20% が要求される。

アライメント方式には、縮小レンズ光軸とは別に検出用光学系を設ける OFF − AXIS 法と、縮小投影レンズを透して検出する T·T·L（Through The Lens）法がある。OFF − AXIS 法は、両方のレンズ光軸間距離が環境影響、経年変化によるオフセット誤差を生じるため、重ね合わせ精度を出すことがむずかしい。T·T·L 法の重ね合わせ精度は OFF − AXIS 法に比べて格段に優れているが、レチクル面のスクライブ部に合せマークを描く必要があり、またアライメントの時間を要し、スループットが悪くなる。

3）スループット性能─ X-Y ステージ移動の高速化

ステッパの 1 ステップあたりの X-Y ステージの処理を高速化することが重要なポイントになる。スループットについては、ステッパの前後工程とのタクト・バランスを取る必要がある。前後工程は一括バッチ処理のため、ウェハサイズが大きくなっても、スループットは変わらない。一方、ステッパは X-Y ステージの移動がステップアンドリピート方式であり、ウェハサイズが大きくなると、それだけ時間がかかる。

1.3.3 キーコンポーネントのコア技術の向上

(1) 半導体デバイス微細化推移とステッパへの要求性能

80年代は、日本の半導体メモリが世界を席捲した時期であり、ムーアの法則のとおり、表2に示すように、82年256KDRAM、85年1MDRAM、88年4MDRAMの量産開始時期が3年ごとに集積度が4倍になった。これに対するステッパの解像度、重ね合わせ精度の値も3年ごとに1／√2で高精度が要求され、また生産性向上を図るためウェハサイズ大断面化に対しても、スループットを等しくすることを要求された。

表2に示すステッパへの要求性能を達成するために、吉田は85年1MDRAM量産用としては、従来骨格（型式RA501）のままで各コン

表2 半導体デバイス微細化推移とステッパへの要求性能

	量産開始時期	1982年	1985年	1988年
デバイス	メモリ推移	256KDRAM	1MDRAM	4MDRAM
	回路線幅	2μm	1.3μm	0.8μm
	ウェハサイズ(直径)	4インチ	5インチ	6インチ
ステッパ	解像度	1.4μm	0.9μm	0.6μm
	重ね合わせ精度(3σ)	0.4μm	0.25μm	0.16μm
	スループット (時間当たりウェハ処理枚数)	30枚/時	40枚/時	40枚/時

第1章　事業再生プロジェクトの実践事例　61

ポーネントの改良を進め、プロセス対応力を強化し、要求性能を達成した。そして、88年から量産が始まる4MDRAM用に対しては、競合他社のベンチマークを行ないレビューして、骨格からデザインの見直しを図った。そして、他社より優れた製品を開発する意思表示として、製品型式もRA（Reduction Aligner）501からLD-5010とし、リーディング（LD）製品を提供する意志を込めて開発に当った。

(2)　キーコンポーネントの技術開発推移

　ステッパの三大性能である解像度、重ね合わせ精度、スループット（時間当たりウェハ処理枚数）の向上のためには、高解像度縮小レンズ、高精度アライメント方式、高速高精度X-Y移動ステージのキーコンポーネントに対する基本技術の確立が必要である。表3にこれらに関する開発推移と他社比較を示す。そして、その技術推進内容について述べる。

1)　解像度—照明系・縮小投影レンズの改良開発

・1984 ～ 1986年　既受注品（1MDRAM）対策

　1MDRAM用既受注品ではGCA社の縮小レンズとの互換路線を取ったため、ツァイス社にg線NA0.38レンズを発注していた。しかし開発遅延で1年以上納入が遅れたため、g線NA0.3レンズに切り替え、そして照明系に改良を加えて顧客納入し、1MDRAM量産に支障を出ないようにした。1年後にg線NA0.38が入荷され、これに伴い全既納品に対し取り替え作業を行なった。

　照明系については、コンデンサレンズコーティングの改良とバンドパスフィルタの挿入により定在波歪を少なくし、また、ミラー、フライアイの改良により、解像度が0.9μm→0.7μmに向上した。

・1987年向け次世代（4MDRAM）用レンズ開発

表3　日立ステッパキーコンポーネント開発推移と競合他社比較

			1984 年		1987 年	
性能	解像度（焦点深度） 日立／他社		0.9μm ／ 0.7μm	劣等	0.5μm（1.3μm）／ 0.7μm（0.9μm）	優位
	重ね合わせ精度 日立／他社		0.2μm ／ 0.25μm	優位	0.15μm ／ 0.2μm	優位
	スループット 日立／他社		35枚/時 ／ 40枚/時	劣等	40枚/時 ／ 40枚/時	同等

次世代 4 MDRAM 用の縮小投影レンズについては、競合他社のニコン、キヤノンが g 線（436nm）高 NA（0.5）路線により、解像度を向上させることを主眼に開発を進めたのに対し、吉田はより短波長の i 線（365nm）高 NA（0.42）路線を採用して解像度を向上させるとともに、焦点深度を向上させ、より高段差デバイスプロセスに対応する方針とした。

そして、R&D 用デバイス向けには i 線 1/10 縮小レンズをオリンパスに、量産デバイス向けには i 線 1/5 縮小レンズをミノルタに開発・製作を依頼した。

また、日立側では開発レンズの評価機を準備し、開発改良サイクルを早めることとした。この結果、86 年に i 線縮小レンズが開発完成し、社内デバイス工場でのプロセス試作 1 年を経て、87 年から i 線ステッパとして市場投入することに成功した。

2) 重ね合わせ精度向上策— T・T・L アライメント方式の開発

サブミクロン領域での重ね合わせ精度を確保するため、日立では 84 年からプロセス変動を受けにくい T・T・L アライメント方式の開発に取り組んだ。まず、第一段階では、レチクル上の回路パターンに隣接したスクライブ領域に単純なクロム膜を設け、これをウェハマーク検出用のミラーとして用いて検出する方式を開発し、0.20 μm の合わせ精度を実現、85 年日立社内デバイス工場に納入し 1MDRAM の量産歩留まり向上に寄与した。しかし、この方法だと反射鏡が露光光を遮るため、マーク検出後露光するたびに反射光を露光位置より遠ざける必要があり、スループットが低下し精度も悪くなる。そこで、86 年第二段階では検出のたびに、反射ミラーを動かさないで済むアライメント方式を確立した。これにより、0.15 μm の合せ精度を確立し、競合他社に先行した。

3) スループット向上策 ― X-Y ウェハステージの高速位置決め方式の改良

日立は重ね合わせ方式に T・T・L アライメント方式を取っており、ウェハステージで粗動、レチクルステージで微動して相対位置合わせをするため、他社の OFF-AXIS アライメント方式によるレチクルステージ固定で、ウェハステージのみで一度で粗微動するのに比べ、レチクル移動分のアライメント時間がかかる。したがって、ウェハステージは他社より高速移動する必要がある。

他社のウェハステージは、精密工作機械で使われている V-フラット案内・針状コロガリ軸受方式で高精度移動を行なっているが、最終微調位置決めを収斂させるのに時間がかかる。これに対し、日立方式では、ウェハステージは粗動でよいことから、位置決め精度より高速性に重きを置いたフラット－フラット案内テフロン系すべり（摩擦）軸受方式を採用し、石定盤でのキサゲ、三次元測定器上での組立方式を確立し、振動抑制サーボ制御方式を開発して、他社方式に比べ 1.5 倍の高速化を実現し、レチクルステージ微動時間を合わせても他社同等以上の 40 枚／時のスループットを達成した。

さらに、次々世代機（64MDRAM）用ステージとして、先に開発した半導体センサ・空気軸受式超精密工作機械での技術を使って、空気軸受方式のステージを生産技能研修所で要素試作を進め完成させ、待伏せ備えをした。

以上により、87 年競合他社に優る i 線ステッパを開発完成させ、4 MDRAM 量産に備えることができた。

第1章　事業再生プロジェクトの実践事例　65

1.3.4　縮小投影露光装置事業再生プロジェクトの成果

本プロジェクトの成果と失敗は次のとおりである。

(1) 顧客価値の向上

3年ごとに世代交代する半導体デバイスユーザの微細化投資に対応し、後塵を拝していた日立のステッパは、他社互換のg線路線を脱し、87年に他社に先がけi線ステッパを開発し、4MDRAM量産ライン開始時期に投入できた。このことにより新たな大手ユーザにも採用され、87年の売上高は3年前の84年に比べ2倍に拡大した。

(2) 経常利益改善—事業化以来続いた不採算からの脱却

事業化当初から続いたg線ステッパの生産販売について、高精度加工・組立技術のレベルアップと評価設備（レンズ評価、顧客プロセス対応評価）の充実により、顧客プロセス対応評価を行なってから出荷できるようになり、顧客に納入後すぐに生産を立ち上げることに寄与した。また製品改良実験は、生産ラインと別ラインで実施することで、生産を整流化した。これにより、間接コスト、直接コストの無駄を省いた。そして、87年に黒字化を達成した。

(3) 事業からの撤退と持続的発展に対する成果

縮小投影露光装置のキーコンポーネントである縮小投影レンズのコア技術の育成ができなかったことから、次々世代64MDRAM用のステッパ（波長248nmエキシマ）の事業化が見込めず、93年に事業撤退することになった。一方、ステッパ製造用の超精密加工、組立、調整、搬入までの一貫クリーンルームは、その後、電子顕微鏡、医療機器など精密製品の生産に活用されている。

1.3.5 縮小投影露光装置の事業再生マネジメント

1982年電機事業部から第8代工場長が赴任してきた。"キラリと光る工場にする"をモットーに、理化学機器部門と工業計器部門からなる計測器工場に半導体装置部門を加えて第3の柱とする事業構想を打ち出した。そして、この構想を実現するために、当時本社の人事課長を強引に工場の総務部長として引き抜いた。吉田はこの総務部長と二人三脚で事業再生に取り組んだ。

当時計測器工場の生産技術部長であった吉田には、半導体メモリ新工場プラント建設リーダーの兼務が命じられ、そして建設が完成して当時世界一の半導体工場の見通しがついた85年に、半導体設計部長として半導体装置事業の立て直しを命じられた。事業再生を託された吉田は、2つの方針を立てた。

第一は、現行1MDRAM（1.3μm）デバイス用製品については、性能一辺倒ではなく、性能以外の機能を含めた顧客デバイス工場（日立社内デバイス工場）での早期稼働、生産性を向上させた安定稼働に役立つ高信頼性製品の供給を目指し、

- ・顧客プロセス対応力の強化による短期改善、
- ・レチクルオートチェンジャ、ウェハオートチェンジャなどの搬送ロボットおよびウェハチャックなど、生産性、歩留まりを左右する周辺付帯機能を充実させ、
- ・製品のシリーズ化、標準化を行なうことで、顧客別の個別仕様受注方式から標準品受注方式に変え、設計・生産を整流化し、短納期完成品生産を行ない、
- ・その実績を基に、日立社外の量産メーカーへの受注拡大を図ることとした。

第1章　事業再生プロジェクトの実践事例　67

　第二は、次世代 4MDRAM（0.8 μm）用製品として、現行製品と異なるナノメータテクノロジーによる新たな発想のもと、競合他社に打ち勝つ性能の待ち伏せ製品を 87 年までに開発完了させることを目途に、経営資源・体制を整えた。

(1) 体制作り

　まず、体制としては、第一の現行製品チームと第二の次世代製品開発チームの 2 チーム方式とし、吉田は主に第一チームを見ることとした。そして第一の現行製品チームには、設計部隊に、計器部門から、設計管理課長、製造課長、工務課長を歴任した大ベテランを設計管理課長とそのチーム（3 人）を引き抜いた。それにより図面管理、工程管理、設計者の仕事量管理、予算管理など業務の見える化を図って、設計者の種々の雑務を取り除き、設計者の本来業務を増やし、スピードアップを図るとともに、限界利益を常に考えた受注選別を行なった。

　また、製造部内に、実生産ラインとは別に、フリーハンドの図面で作業ができる "すぐやる課" 的な試作ショップを作ってもらった。

　さらに、プロセス対応力の強化に対しては、半導体前工程生産設備を設置したプロセス評価センタを充実させるために、半導体圧力センサ製造部隊から 10 人を生産技術部に移籍させ、プロセス評価チーム（リーダーはセンタ長）を作り、顧客デバイスプロセスと同等の実験・評価をスピーディにできる体制をとった。

　第二の次世代製品開発では、ナノメータテクノロジーを用いた新たな発想による製品骨格を考えた。システム取りまとめリーダーには、計器部門の設計で数多くの特許を取った電力リレー製品を担当していた主任技師を副技師長として引き抜いた。そして、メンバーは、先に半導体圧力センサにて超精密工作機械など世の中に先行する種々の設備を開発し

たチャレンジ精神の旺盛な設備設計者を主体に編成した。光学系主任技師を光学分析部門から引き抜き、さらにそれぞれのパートに新人を入れた。高度な技術による要素試作は前述した生産技能研修所における4カ月研修の課題とした。全社一級技能者および超精密加工設備により実施し、通常の1/4の期間で試作・評価する体制をとった。

　また、本社技師長（66年に吉田がPTチームで、マンツーマンで指導を受けた人で、生産技能研修所を設立した人）に、毎月2日工場に来ていただいた。エンジニアと議論の上、概念図およびこれに伴う新規製造法を示していただくことを繰り返しながら、設計構造のレベルアップを図っていくことができた。こうして開発体制が質、量ともに整った。

(2) 運営

　これだけの人材をかかえて、改善および開発を滞りなく行ない、現行製品の受注拡大・コスト低減、次世代製品の期限通りの開発を行なうためには、経営資源（資金）が必要となる。そこで吉田は84年度の予算会議で、87年に事業を黒字にすることをコミットし、それまでの3年間は赤字予算のまま運営することを了承してもらった。また、吉田は、84年度前半は生産技術部長を兼務していたので、半導体製造装置用製造設備、プロセス評価設備、次期レンズ開発設備等の次世代装置開発用設備の投資を積極的に行なった。

　一方、社内研究所への依頼研究の選択と集中を行なった。次世代i線ステッパ開発に関する研究に絞ってもらうこととし、中央研究所には照明系縮小レンズを、生産技術研究所にはアライメントを、機械研究所には高速X-Yステージを、日立研究所にはサーボ機構制御を依頼した。依頼研究費を研究者26人分から8人分の1/3にしてもらうとともに、研究者を指名し、研究者のアイデアの実装設計・製造は工場側で行

第1章 事業再生プロジェクトの実践事例　69

ない、研究成果の早期実用化を目指すこととした（各研究所長に個別に
お願いに歩いた）。

　この1/3になって浮いた費用を次のように配分した。照明系縮小レン
ズの委託開発費、開発者の社内デバイス工場実習費、顧客サービス人員
費、プロセス評価費、既納品に対する追加改良費、ツァイス・レンズの
交換費用、i線ステッパ骨格・新機構開発試作費用、現行製品の改良費
用、ルチクルオートチェンジャ・ウェハオートチェンジャなどの搬送ロ
ボットなど付帯機能開発試作費用、精密部品加工・組立法改良実験費、
設計不良・製造不良対策費などにである。いちいち伺い書を書くことな
く、アイデアを即実行することができた。

(3) 活動

　次世代製品開発試作体制と現行製品顧客即応体制の二つの体制を整え
た。次世代製品に関する縮小投影レンズについては、量産用1/5縮小投
影レンズをミノルタに、1/10縮小投影レンズをオリンパスに開発を依
頼し、アライメントについては生産技術研究所の研究者の優れたアイデ
アを活かした。また、全体構造は2方式を試作し、生産技能研修所で
X-Yステージなど要素試作を行なった。1年経ち、第一次試作実験が終
わったところで、吉田は84年に生産技術部長兼縮小投影露光装置プロ
ジェクトリーダーから半導体装置設計部長に任命され、ステッパの他に、
電子線露光装置（EB）、イオン注入機なども見ることになった。

　このため、吉田は軸足を現行製品（ステッパ、EB、イオン注入機な
ど）の顧客対応、生産対応に置いた。デバイスの進展に合った製品の生
産を整流化し、それぞれの製品が短期間に完成して、顧客に納入できる
体制を作ることを目指した。顧客プレゼンテーション・交渉等を積極的
に行ない、顧客との会話量を増やした。その結果、不必要なスペックを

洗い出し、安定生産に貢献できるスペックに見直すことができた。また、種々のトラブルに対し、顧客、営業、サービス、管理部門からの要求を切り分け、問題を顕在化させ先送りしないことに務めた。

　この結果、納入した製品がデバイス生産側で、高稼働、安定して生産されている信頼性が評価され、日立以外の準大手半導体メーカーから受注が増え、売上が増えた。そして、開発メンバーを専念させたことで、他社に先駆け、i線ステッパを開発することができた。

第1章 事業再生プロジェクトの実践事例 71

| 1.4 | 事例４：半導体製造プロセス用縦型 CVD 装置
―次世代デバイス対応、クリーンな高均質成膜装置の提供― |

1.4.1 縦型 CVD 装置再生の背景

　日立国際電気では、半導体分野市場向け成膜プロセス装置と情報通信分野市場向け無線基地局・携帯端末製品の二つのセグメントで事業を運営していた。いずれの分野の製品も商品の持続サイクルが短く、半導体分野はムーアの法則による３年で４倍というシリコンサイクル、情報通信分野は５年ごとの周波数再編というサイクルで新製品に置き換わるという変化の激しい市場分野の製品を扱っており、典型的な開発型事業である。

　1996 年当時、半導体分野、情報通信分野ではともに優良な特定顧客に恵まれ、製品を構成するユニットコンポーネントはほとんどを専門メーカーから購入するなどのやり方で、変化の激しい市場要求に即応していた。そして、空前の売上げ・利益を上げていた。

　一般的に、半導体デバイスの電気的特性はさらなる高速化、低抵抗化、低容量化、低ノイズ化が要求されるに伴い、デバイスの構造も微細化、高段差立体化した。これに対応する成膜 CVD 装置は、金属汚染・有機物汚染のないクリーンで段切りを起こさない高均質薄膜を生成することが求められる。

　また、ウェハサイズも４年ごとに直径が２インチ、３インチ、４インチ、５インチ、６インチ、８インチ、12 インチと大断面化し、半導体製造装置も大型化してきているが、クリーンルーム内に設置することを考えると装置床面占有率はできる限り小さくすることが望ましい。そこで日立国際電気では、まだ手動操作の横形 CVD 炉が使われていたウェハ

サイズ2インチの時代に、いち早く、装置占有率を小さくできる自動搬送ロボット付きで、一度に大量のウェハを大量処理できる縦形CVD装置を他社に先がけて開発した。6インチ時代までトップシェアを確保して、先行者利益を確保し成長してきた。しかしウェハサイズ8インチ時代になり、装置も大型化し、成膜する膜厚、膜質の要求も一段と厳しさを増し、2インチ時代に作った装置コンセプトの延長では、対応できなくなりつつあった。

1.4.2 縦型CVD装置の構成原理

半導体ウェハプロセスのキーになる酸化膜や、絶縁膜、配線膜などの成膜プロセスを化学的な気相反応で形成するのがCVD装置（Chemical Vapor Deposition 装置の略）である。同装置の構成を図17に示す。まず、所定の枚数のウェハが入ったカセットが前工程から運ばれて来て、I/Oステージに入り、カセットローダでカセット棚に保管される。次に、ウェハ移載機により、カセットからウェハを取り出し、ボートに移す。そして、ウェハがボートに所定の枚数たまったところで、ボートエレベータが上昇し反応炉に入る。反応炉ではヒータによりウェハが温められ、所定の温度に加熱され、均一な温度に保たれたところで、ガスボックスから反応ガスがウェハに加えられ、成膜する。そして各ウェハの膜厚分布が一様になるようなガスノズルの形状、ボート形状を考え、また炉内圧力などをコントロールする。したがって装置の性能はウェハを搬送する搬送機構、移載機構がスループットの大半を決め、また反応炉、ガス供給方式が膜厚精度、膜質の性能をきめる。

第1章　事業再生プロジェクトの実践事例　73

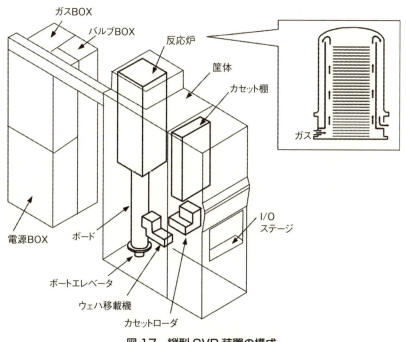

図17　縦型CVD装置の構成

1.4.3 CVD 装置の開発

　吉田が率いるプロジェクトでは、次世代の12インチ時代まで対応できる待伏せ製品の開発を目指し、製品のキーコンポーネントである精密搬送機構および反応炉について、従来技術の延長ではなく、原理原則から見た抜本策を考えた。アイデアを練り上げ、シミュレーション、作り方の検討・実験を繰り返し、高精度部品を内作化して、差別化するキーコンポーネントを開発したのである。

(1) スループットの大半を決める精密搬送メカニズムの検討

1) 精密搬送系を支えるベースおよび筐体構造

　カセットローダ、ウェハ移載機構、ボートローダの各搬送機構は、筐体の側面に機構が別々に分離して、片持ち負荷として取付けられることが一般的であったため、装置が大きくなるにつれ側板の剛性不足から動的負荷が大きくなり、振動により高速搬送が難しくなっていた。また、各搬送機構の高さ方向の相対寸法合わせ調整に手間取り、多くの調整時間を要した。また顧客へ搬入後に再調整を行なっているため、据付にも多くの時間を要していた。安定して高速高精度移載を可能にするには、筐体全体が高剛性であることが必要である。

　これを実現するために筐体を高剛性・高精度なフレーム構造とし、そのフレーム筐体に各搬送機構を取り付け後、薄いステンレス側板をネジ止めした密閉構造として、有機物等の汚染がない装置を実現した。そして調整据付時間を最小化（1日）できた。

2) 精密搬送移載機構

　精密移載機構は、クリーンで、高速高精度位置決め機能が求められる。

このため、摺動部をなくした機構として摩耗粉発生をなくし、かつ1ケタ高い精度の部品による組み合わせ構成を考える必要があった。部品点数を少なくして、相互位置ずれの少ない低振動機構を開発し、コンパクトで、クリーンな高速高精度移載を実現した。

(2) 膜厚、膜質を決める反応炉の検討

一般的に、CVD装置の基本性能は反応炉構造で決まる。即ち、①急熱急冷加熱、定温状態でボート内ウェハ間の温度分布均一度を保つための方案、ヒータ形状と高応答センサの開発、②ウェハ間、ウェハ内で均一な膜厚になるための成膜ガスの流し方の検討、の2つの検討が要る。

それぞれに対し、基本原理を追求した新方式を考え、多膜種対応、高段差デバイスに対するステッパカバレッジのよい高速均質な薄膜形成反応炉を実現した。

1.4.4 半導体縦型CVD装置プロジェクトの成果

本プロジェクトの成果は次のとおりである。

(1) 顧客価値の向上

2001年の売上高は、1998年の1.5倍となるなど、ムーアの法則に対応した待伏せ製品の開発ができた。

性能は、次世代微細プロセス対応として、多膜種対応、高段差薄膜の高速、均質、汚染フリー、ステップカバレッジの良い膜形成を達成し、デバイスのS／N比が向上した。

スループット（生産性）は、高速ウェハ移載、急熱急冷炉の開発により30％アップさせることができた。また、装置設置面積（フットプリント）は30％小型化した。

(2) 持続的発展のための基盤構築

CVD装置のキーコンポーネントについて、大学との技術連携活動により、界面制御・熱流体・機構構造・真空技術・温度制御技術などのコア技術の向上が実現できた。これにより超一流エンジニアの育成が図れ、差別化製品を短期開発できるポテンシャルが高まった。

製品開発の進め方として、物理現象の基本原理に基づく設計－理論計算と公差配分－シミュレーション－実装方式－実験を繰り返して、寸法諸元と製造方案を作成するという手順が定着化した。光造形（3Dプリンタ）、CAE/CAD/CAM、可視化評価ツールなどを充実することによって、先行した待ち伏せ製品のスムーズな開発ができるようになった。

高精度要素部品加工ショップの充実により、後戻りのない生産体制によるリードタイム短縮システムが構築できた。

1.4.5 事業再生のマネジメント ―キーコンポーネント・コア技術の向上―

(1) キーコンポーネント内作化プロジェクトの背景

1996年6月、吉田は日立製作所から日立国際電気に移った。入社後1カ月間は研修と称して、各事業部の設計・製造現場、関連会社、専門メーカー、協力会社などを回り、現場をつぶさに見て、そして、各事業部幹部、役員と面談を重ねた。設計・製造現場を見て、クリーンな職場環境で仕事がなされ、長年の並々ならぬ積み重ねの努力で業界一のすぐれた製品を生み出していたことがわかった。しかしながら、生産性の観点から見ると、多くの設計業務が顧客ごとの設計に費やされ、また製造現場では顧客ごとの調整に多くの時間が費やされており、課題があると感じた。また、この背景には、そもそも製品構造設計に原因があることが考えられ、製品の操作性、安定性、互換性、信頼性、コスト競争の面で不安を感じた。

これでは、次世代対応および競合他社に対する差別化製品の開発に遅れを取り、市場競争力が低下し、早晩事業は赤字になるのではと内心思った。

そこで、吉田は、研究担当、各事業担当、購買担当、経理担当、人事担当の各常務との面談で、「事業好調な今こそ、超精密加工機などを設備投資して、キーコンポーネントの内作化により、エンジニアリング力を強化して、コア技術を向上させ、デファクトスタンダードになる製品を今以上に競合他社に先行して開発し、高効率の事業体質にしたい」と提案した。しかし、全員が今のやり方で成功しているので、内作投資をするよりも、専門メーカーを育成すべきという考え方であった。

一方、吉田が副本部長として赴任した当時の技術推進本部は、本部長以下15人ほどの組織で、全社のコスト削減運動、品質向上運動、環境

防災管理の取りまとめ事務局であり、各工場からのデータを集計して、社長主催の会議を行ない、フォローする役割を担う管理部門であった。全社基盤技術の実践本社組織として、機械工作部門が各事業部とは独立してあったが、各事業部で設計した公差の図面をそのまま加工するということをしていたため、できばえは加工外注先と変わらなかった。また、変動費に対し固定費が比例配分される分、見かけの原価が高くなるので、事業部側は手持ちの外注先を使って製品をまとめる傾向が強まり、社内の基盤技術の進歩が図られない状況にあった。このため、機械工作部門には、潜在能力の優れた機械設計・工作エンジニアが10人いたが、この能力を十分に発揮できないでいた。

このような背景から、設備投資の話は封印し、吉田が構築してきた最先端技術を活用して、キーコンポーネントに対する差別化技術の確立・育成を目指して、製品構造と製造工法の抜本的見直しを行なうための「キーコンポーネント内作化プロジェクト」組織（機動部隊）を技術推進本部内に作った。この機動部隊を2つの事業セグメントのそれぞれの設計部に配置して、エンジニアリング活動を行なう案を社長に上申した。両事業担当常務にも説明し、経営会議で予算の決裁がなされ、プロジェクトがスタートした。

(2) プロジェクトの段階的推進

1) 内作化推進による次世代製品開発マネジメント（1997~2000 年）

半導体CVD装置事業プロジェクトについては、当面は製造原価の6割を占める機構・筐体、回路基板にしぼって、1年間で構成部品点数30%削減による信頼性向上、コスト力向上を達成することをターゲットに、チーム編成を、機械工作部門のエンジニア10人、学卒新人3人と、技術推進本部3人、PTチーム10人の計26人とし、定期的に専門

第1章　事業再生プロジェクトの実践事例　79

技術者による PG アドバイスをもらうこととした。また、開発スピード
を上げるためチームの各エンジニアに CAE/CAD/CAM ツールを与え、
そして、要素試作を早めるため、光造形装置（3D プリンタ）、可視化評
価装置を新設した。

　事業部の設計陣は、顧客に対して受注責任があるので、従来の確立し
た技術で、期限通り製品をまとめることを必死になってやる。このため、
新しい発想の次世代機を開発するには、現設計部隊とは別のチームによ
り行なうことが大切と考え、別チームを作った。このチームは、設計部
との連携を密にするため、設計部と隣接した場所に置き、一切の雑用が
なくアイデアおよびエンジニアリングに集中できるようにした。この結
果、1 年後の 97 年下期に予定通り、部品点数 30% 削減した高信頼の 8
インチ CVD 装置が完成した。このことにより、ようやく事業部側から
信頼されるようになった。

　しかしながら、この年、ちょうど半導体デバイス業界の景況は下降し
つつあった。顧客から一層のスループット向上、占有面積を 2 割少なく
する小形でクリーンな装置が要求されたことから、1 年間で得られた革
新技術をさらに応用拡大して、不況時の 98 年下期にスループットを大
幅に向上した 8 インチ小フットプリント機を完成させた。

　そして、このチーム構成で、エンジニアチームも成長し、特に毎年配
置した学卒新人も 16 人に増え、戦力になった。1 年間でコスト競争力
のある高信頼性製品を開発でき、2000 年以降の売上・利益拡大に寄与
した。また、事業部側の内作化のメリットに対する理解が深まったとこ
ろで、機械工作部門を本社組織から事業部組織に移した。NC・マシニ
ングセンタ、ターニングセンタ、高精度 TIG 溶接機、板金レーザ加工
機など新規投資し、高精度部品加工をベースとしたシンプル構造設計を
自家開発できる体制を整えた。

2) 超クリーンな次々世代製品の開発マネジメント (2001~2004年)

　半導体デバイスの高速化、低ノイズ化の要求に対し、デバイス構造はますます微細化・高段差立体化する方向が加速される。これに対応するCVD成膜装置である超クリーンな次々世代製品には、反応系としては、金属汚染・有機物汚染のないクリーンな高品質薄膜を高段差形状のデバイスに高速に形成することが求められる。また、搬送系には、半導体ウェハの大断面化に対応し、CVD装置も大型化するが、高いスループットが要求される。

　このため、装置を構成する反応系・搬送系等のキーコンポーネントについて、物理現象の原理原則に則ったコンセプトおよび構造を考えた。方程式、シミュレーション、実装方式（設計、製造方式）、実験評価によりコア技術を開発・構築させるフィードバックを繰り返して、最適な構造・性能を達成するアプローチをとった（図18）。

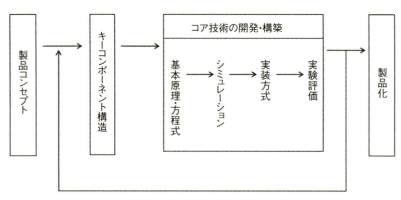

図 18　基本原理に基づく製品開発アプローチ

第1章　事業再生プロジェクトの実践事例　81

　例えば、反応系では、ウェハ内およびウェハ間に均一で高速な薄膜生成を行なう反応ガスの流れを制御するため、熱流体の理論により、ガスの圧力、流量、温度が一様になるような構造方式を考えた。また、反応炉内の温度分布がすばやく一定になるように、自動制御理論による温度制御方式を考えて、シミュレーション・実装方式実験を繰り返し、詳細構造を決定した。

　こうしたアプローチを実行するため、それぞれのコア技術に対し、高いレベルの実践的エキスパート5人を技師長およびコンサルタントとして雇い入れ、また3大学5人の大学教授に研究・評価を依頼し、それぞれのコア技術に対し原理原則に基づく方案・実装設計をし、これを大学側と議論した。大学でシミュレーション・可視化実験評価などをしながら、レベルを上げて行くことを繰り返し、2002年成膜性能を一段と高めた待ち伏せ製品を開発できた。その後、依頼先の大学から博士学生を採用し、持続的発展につなげた。

第 2 章

製品開発と生産技術革新の
マトリックス運営

はじめに

　1960年代の高度経済成長期、家電製品の生産方式は労働集約型から装置産業化した自動化一貫ライン構築が急務となり、このための生産技術者の強化が必要となった。

　このため、日立製作所では、1967年に本社に生産技術推進センタ（略称PT）が創設され、全社24工場すべてから若手エンジニア一人ずつ2年間の期限限定で本社に集められた。そして、A（テレビ）B（白物家電）の2チーム編成で、各工場に半年ピッチで駐在して、自動機設備開発による一貫ラインを構築する機動部隊が発足した。

　特に当時社運を賭けたオールトランジスタテレビについて、カラーブラウン管、半導体、回路実装、組立調整の工場に、自動化ラインを構築することで、生産性向上と品質歩留まり向上を果たし、当時の日立製作所の全利益の8割を稼いだヒット商品の一翼を狙った。

　このことから、PT制度を発案し立ち上げた当時の清成副社長は、PTに加えて、本社にエンジニアリング推進センタを設立し、設計・工作、エレクトロニクスなどの技術分野でのエキスパート5人を本社技師長として全社専門技術者を育成するとともに、全社技術資産を有効に活用して、PG活動（各テーマ2～3日のカンヅメ議論）により優位コア技術を確立した。このように横串を入れる組織により、各事業部だけでは成し得ない優位技術を確立する仕組みを作った。

　吉田も本社PT、Aチームの一員として、2年半の活動を通じて、経営に及ぼす生産技術の重要性を体で理解し、その後1970年以降、計測器工場20年、本社生技部8年、日立国際電気8年一貫してPT、PGの

第2章　製品開発と生産技術革新のマトリックス運営　85

支援を得、高度メカトロニクス製品開発と生産技術革新の2つの軸をクロスさせて運営するマトリックス運営によるプロジェクト活動を推進した。

　携わったプロジェクトは、いずれも受注対応製品を扱っている事業で、組織は営業－設計－製造－品質保証－サービスを製品別に縦割りになっており、顧客の注文に対し、各組織が全力を傾けて責任を果たす体制をとっていた。しかし、この縦割り組織では、従来技術の延長で製品をまとめることに汲々とする傾向にあり、技術革新による次世代対応製品および製造プロセス技術の革新、生産ラインの整流化に対する対応が遅れ、事業の持続的発展に支障をきたすことが懸念された。

　そこで吉田は、製品中心の縦割り組織に対し、現場に直結しながらも技術的に横串を通す横断的な組織（生産技術部）を強化して、日進月歩で進歩する科学技術の導入・事業化および製造プロセス技術革新、生産性向上技術の推進を行ない、事業再生を果たしてきた。

　生産技術部の運営予算についても、製品別収支予算とは別に、製品収益比例配分ではない工場あるいは会社全体のトップポリシーによる製品部門と独立した技術開発予算（具体的には、設備開発、要素試作、製造ライン構築に関する予算）計画を立て、費用対効果目標を明確にして予算化した。

　そして、チャレンジする高度技術を目標期限どおり、確実に実現するために、生産技術者と製品設計者がプロジェクトを組み推進することにより、技術はスパイラル状に進化し、数々の事業再生を果たすことができた。

　以下、日立製作所計測器工場（現在のハイテクノロジーズ）、日立本社生産技術部、日立国際電気でのマトリックス運営について述べる。

2.1 計測器工場でのマトリックス運営（1969 〜 87 年）

　計測器工場では、電子顕微鏡、血液自動分析装置などの理化学機器部門と、工業計器、電気計器などの工業計器部門の二つのセグメントから成る事業を行なっている。1 台数億円から数十万円の製品を月生産数 10 〜 500 台と、典型的な多品種少量の非量産生産形態の工場である。

　1969 年当時、工場の組織は、各セグメントごとに、設計部 − 製造部 − 検査部という製品中心の縦割り組織であった。このため製品開発 − 受注 − 生産という流れのため、どうしても手工業的であり、抜本的な製造技術革新が行なわれていなかった。

　日立製作所では 1967 年、本社に生産技術推進センタ（PT チーム）が設立され、製品に対し横断的な観点から技術の横串を通すことにより、生産方式の革新が行なわれた。これに対応して、各工場には工場内の製品を横断的に技術革新する生産技術部が誕生し、1968 年に計測器工場でも生産技術部が創設された。

　初代の生産技術部長は「新製品開発と生産技術の結合」というキャッチフレーズをかかげ、製品が現場に流れてから作り方を考えるのではなく、製品開発着手時点で、量産で用いられているローコストエンジニアリング技術を投入し、生産立ち上げ時には製品原価目標を達成させようという方針を打ち出していた。

　1969 年本社 PT から計測器工場生産技術部技師として戻ってきた吉田は、この方針をより実効あるものとするため、ローコストエンジニアリング技術の導入とともに、ハイエンドな技術を確立して、製品の価値向上を高めるキーコンポーネントのコア技術を開発する必要があると考

えた。また、非量産での生産方式を単純化させるために、生産の源流を極める高精度製造技術の育成を図る必要があると考えた。

つまり、計測器工場の精密製品の製造をよどみなく行なうためには、表4の生産方式の単純化が必要であると考えた。顧客から見て近い位置から考えると、メンテナンス、据付け、調整をゼロ化する無調整化が重要になる。続いて、組立工程を減らす必要がある。そして、部品加工はローコストエンジニアリングを採用する設計構造を目指す必要がある。その実現手段として、調整を少なくするためには、高精度技術の確立により、生産の後戻り修正作業をなくす。組立工数を減らすには、ＮＣ工作による部品の複合化、あるいは高集積化、高精度接合などにより、部品数を少なくして高精度の組立を確立する必要がある。製品設計構造をそのままでローコストエンジニアリングを行なうという部分最適化でな

表4　生産方式の単純化、製品構造

合理化方針			具体化施策
生産方式の単純化	無調整化	高精度技術	・材料処理、成形技術 ・超精密加工技術 ・高精度転写技術 ・新素子の採用 ・インプロセス計測分析技術
	無組立化	部品数減	・部品の複合によるブロック化 ・無配管化、無配線化 ・高集積化、高密度実装 ・高精度接合、接着 ・ネジレス構造
	無加工化	工程数減	・板金化、塑性加工 ・モールド化 ・FMS加工 ・仕上げ作業の零化 ・ライン化、プリセット化、一貫キャリア化

く、以上のように、設計開発段階でコンパクトな製品構造を生み出す生産技術開発を同時に始めるのである。

　そのために、表5に示す生産技術開発と製品開発のマトリックス運営が重要となる。表中の○は、各製品に当該技術が用いられていることを示している。

　まず、製造技術区分別に専任技術者を決め、電子顕微鏡と工業計器空気式調節計をターゲットに2年間でそれぞれの技術の深みを極めてから設計と生産技術が一緒になってプロジェクトを行なうこととした。そして吉田はNC工作機械導入と複合部品、高精度加工技術の確立に2年間没頭し、その成果に基づき、順次、電子顕微鏡、血液自動分析装置、半導体圧力センサプロジェクトを推進した。

　その結果、専門技術を深掘りすることと、この技術を広く横展開する活動を終始展開することができた。

　例えば、電子顕微鏡では、電子銃結晶と電子レンズの磁気特性を材料結晶・処理技術者が結晶炉、熱処理炉を作り、状態図による解析をしながらプロセス条件を決めるなど、種々のノウハウを蓄えることにより、均一結晶電子銃、均一磁気電子レンズを作ることができた。またこの技術をもとに半導体圧力センサの無歪半導体ダイヤフラムを作ることができ、Si半導体－ガラス－金属ポストの接合にも各母材表面組織と接合材の組み合わせを決める知見によりプロセス条件を決めることができた。

　さらには、真空溶接接合技術者は、電子顕微鏡高真空室形成のための脱ガス処理および真空ろう付け接合技術による高真空室形成、ベローズレス排気系は血液自動分析装置のマルチ反応槽に適用、装置の小型化に

表5　日立製作所計測器工場　製品開発―生産技術革新のマトリックス運営

事業セグメント		理化学機器部門						工業計器部門			
製品例（プロジェクト）		電子顕微鏡（1970年～73年）			医療用血液自動分析装置（1972年～74年）			伝送器（半導体圧力センサ）（1973年～78年）			
製品	顧客価値	高分解能	非点収差	安定性	耐薬品性・微量測定	高分解能	多項目・高速処理	耐環境性		高精度（ヒステリシス小）	経年変化なし
	キーコンポーネント	電子銃	電子レンズ	高真空室	分注器（切換弁）	反射ミラー回折格子フローセル〔検出器〕	反応槽マルチ〔検出器〕	耐高温〔半導体圧力センサ〕	無歪接合〔半導体圧力センサ〕	無歪半導体ダイヤフラム〔半導体圧力センサ〕	直結方式差圧ーセンサ〔半導体圧力センサ〕
	生産台数/月	20台			40台			500台			
生産技術（製造固有技術）	材料・結晶・処理	○	○							○	
	工作　除去加工※1				○	○					
	工作　付加加工※2					○					○
	工作　複合加工（NC加工）				○	○		○			
	真空・接合	○						○	○		
	回路実装										○
	組立	○						○			
	設備設計	○			○	○					
生産技術（生産体制）	生産システム	最終調整不要、後戻りなし方式			セル生産方式			源流品質作り込み			
	生産管理	タクト生産方式			カンバン方式			列車ダイヤ方式			
	生産ライン・クリーンルーム	耐真空処理室			検出器制作・クリーンルーム			クラス10・クリーンルーム			
	投資計画	キーコンポーネント・コア技術向上と無調整化のための高精度技術重点									

※1、除去加工：プレス・板金・プラスチックモールド・切削・研削・ラップ・レンズ磨き・電解加工・放電加工
※2、付加加工：転写加工（レプリカ、電鋳）、蒸着、メッキ、半導体、薄膜、厚膜

寄与し、半導体圧力センサでは、脱ガス炉は高真空封止拡散炉として一般半導体の 10 倍精度の高い半導体拡散になるなど、専門技術を究めることで次なる製品プロジェクトの製品開発に生かせることになった。

第2章　製品開発と生産技術革新のマトリックス運営　91

2.2 全社製品戦略と生産技術のマトリックス運営 (1987 ~ 96 年)

　吉田は、日立製作所本社生産技術推進センタ長（通称 PT センタ長）
(1987 ~ 1991 年)、同生産技術部長兼品質保証本部・環境本部副本部長
(1991 ~ 1996 年) として、全社生産技術、品質保証活動の旗振り役を
担った。

　この時には、第1章で述べてきた赤字事業再生および新事業立ち上げ
事例で経験した成功例、失敗例を基に、生産技術と戦略製品のマトリッ
クス運営を行ない、日立製作所各事業の革新・発展をサポートした。

2.2.1 生産技術活動方針

　生産技術活動に際しては、マクロに見てミクロに行なうことを旨とし、
グローバルなメガコンペティションを意識して、品質第一に、部分最適
ではなく、全体最適を考えて対策を施すこととした。

　特に赤字事業になると往々にして、現製品構成のままで従来技術のま
ま、材料費、加工費などの直接経費を軽減する対策がとられる。例えば、
内作していた物を外作に移して直接人件費を減らすとか、部品の公差を
ゆるめて加工工数を低減する等という表面的な対策を取りがちである。
これでは後ろ向きの間接作業が増え、間接費の増大を招き、製品そのも
のに対する"真水"の経営資源の投入比率が少なくなり、結果的に製品
の陳腐化を招いて事業縮小に到ることが多い。このため、赤字をなくし
競争力のある製品を作るには、直接コストと間接コストの両面から考え
て手を打つ視点が必要である。

　図19は1995年当時の日立製作所トータルの総作業高（総原価）に占

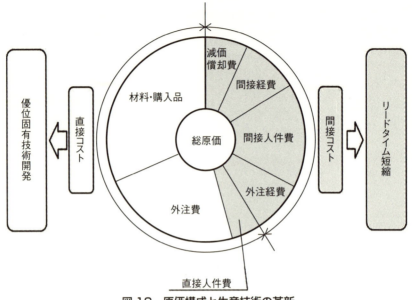

図19　原価構成と生産技術の革新

める直接コストと間接コストの比率の概要を示す。

　直接コストでは、従来合理化の対象としていた直接人件費は全体における比率は少なく、大部分は購買部門から外部へお金が出ていっている。従って直接コストを少なくするためには、部品点数を減らし優位固有技術の開発により、内作化の推進を図り、付加価値を付け、外部へ出ていくお金を削減することが必要である。一方、間接コストについては、リードタイムを短縮して、同じ間接工数で製品の回転率を上げることが結果的にコストを下げることになる。

　こうした観点から、全社の生産技術、品質作り込み活動に当たっては、優位性のある固有技術の開発および生産リードタイム短縮の2つの視点で、製品および製造の構造を変え、事業再生を図る方針で推進した。

(1) 優位固有技術の開発

優位固有技術の開発としては、将来にわたって顧客価値を高める製品作りを意識した。キーコンポーネントに対し、最低5年後でも圧倒的に優位性を保てるよう、物理現象の基本原理に基づくシンプル構成の要素技術を高精度な技術確立により開発し、そしてコンピュータを利用するCAE/CAD/CAMツールを用いてシミュレーション、製造方案、可視化実験を繰り返し、信頼性の高いものを継続して作り上げることとした（図20）。

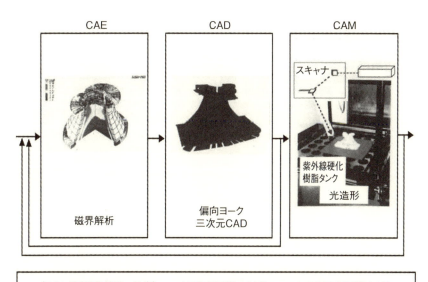

図20 光造形―CAE/CAD/CAMによる開発試作短縮事例

(2) 生産リードタイム短縮

生産リードタイムの短縮のためには、単に生産の仕組みを変えて短縮するというミクロな視点からの発想ではなく、生産・据付・メンテナンスまでのリードタイム短縮を指向した製品構造と製造現場の革新が必要

である。多様化する顧客ニーズに対して生産方式はできるだけ単純化する工夫が必要であり、これを怠ると大変乱雑で効率の悪い生産システムとなってしまう。従って、製品開発の時点で製造方式を単純化できる仕組みを考えておくべきである。先端技術製品のようなエレクトロ・メカニカルな単一製品について言えば、生産を単純化するためには、顧客から見て近い位置から考えて、メンテナンス、据え付け、調整をゼロ化する無調整化が重要である。続いて、組立を少なくする無組立化、そして無加工化するという順序で考えることが重要になる。

　具体的手段として、調整を少なくするためには、高精度技術の確立により、製品構造を簡略化し、生産の後戻り修正作業をなくすことが肝要であり、また組立工数を減らすには部品数を減らすことであり、このための部品加工、結合方法を考えることが大切である。

2.2.2　全社製品戦略と生産技術革新のマトリックス運営の組織

　生産技術部の組織は、各事業所の要素技術開発を支援する横断的活動をするエンジニアリング推進センタ（ＰＧ活動）と、戦略製品の生産設計・生産システム、設備計画を実践活動する生産技術推進センタ（ＰＴ活動）からなる（表6）。

・エンジニアリング推進センタ

　各事業所の優位要素技術、設備開発を横断的に支援するセンタである。ここには、設計（材料強度、熱流体設計）、材料・工作、電工・プラスチック、エレクトロニクス、薄膜、生産管理、品質・信頼性の７つの要素技術ごとに、長らく事業所で活躍してきて専門技術を極めた部会長がおり、各事業所の専門技術者による部会活動（技術の横串展開トランスファ活動）と、PG（Project Group）活動（重点化した戦略プロジェクトに対し全社から専門技術者を集めた短期プロジェクト）を行なっていた。こうした支援により、優れた固有技術が生み出され、また技術移転が促進された。

・生産技術推進センタ(略称 PT チーム)

　このセンタのメンバーは、各事業所に駐在し、生産性設計、生産システム設計、設備計画を実践した。ここには、各事業所で8～12年経験した生産技術者を2年間本社に一時移籍し、2年ごとにローテーションする75人と、工場から転属して本社プロパーになった主任技師15人が所属する。本社には机はなく、各サイトに駐在する部隊である。

　将来伸長が期待される製品で、一挙に立ち上げが必要な製品や赤字が続いている製品に関し、毎期全社6～8テーマを決め、一テーマ8～

表6 日立製作所 製品—生産技術革新マトリックス運営

事業セグメント	電力	電機	計測器	産業自動車機器	情報	家電	半導体液晶
製品例	原子力 発電機 変圧器	エレベータ 制御盤	車輌 理化学機器 工業計器 半導体装置	ポンプ・モータ エアーフローセンサ クラッシセンサ (エアバッグ)	通信 コンピュータ	テレビ・VTR 白物家電	液晶パネル 半導体
生産形態	多機種非量産			量産			
生産性設計〔生産性を考慮した部品設計、加工技術の確立〕							
生産システム設計		○	○	○	○	○	○
設備開発							
〔各工場駐在ワーキングチーム〕							
設　　計	○	○	○	○	○	○	○
材料・工作	○	○	○	○	○		
電工・プラスチック（光造形・3Dプリンタ）	○		○	○		○	
エレクトロニクス（回路基板・化工・実装）		○				○	
薄　　膜			○	○	○		○
生産管理（変種変量生産）	○	○	○	○	○		○
品質・信頼性	○	○	○	○	○	○	○

事業部・製品

本社：生産技術推進センタ（PTチーム）リードタイム短縮活動　100人　6チーム

生産技術部　組織：エンジニアリング推進センタ（部会・PGチーム）固有技術育成・横串支援活動　20人

30人を事業所に派遣し、事業所の設計・生産技術・製造のエンジニアと一体となって、一カ所にかんづめになり、生産性設計、生産ライン設計、品質作り込み設計、設備計画をするプロジェクト活動を行ない、赤字事業再生および新製品の一挙立ち上げを行なってきた。そして、PTチームの技術者は各事業所をまわるごとにスパイラル的に技術が向上し、生産技術者の育成も果たすことができた。

2.2.3 生産技術の展開―製品と生産技術の一体開発方式

製品開発の後で生産技術を考えると、どうしても既存の汎用技術での製品構成となる。製品開発段階で、高性能、シンプル構造を考え、そのための必要な新技術について、できるだけ速やかに実験試作して技術を確立定着させる必要がある。

この生産技術の展開に当たっては、製品と生産技術の開発を一体的に進める「一体開発方式」が重要であり、生産性設計の段階で要素技術開発・生産システムの設計を相互にフィードバックしながら進めることで後戻りをなくす必要がある。そして、生産性設計では、資材購入費を減らすため、種々の固有技術およびエレクトロニクス技術を駆使して、徹底的に部品数、調整工数、組立工数を最少にする構造を考える。キーコンポーネントに関する差別化設備開発を同時に推進する必要がある。また、生産システム設計では、工程数を最少にするプロセス設計が重要である。

これらを行なった後、生産を軌道に乗せるためには、CAE/CAD/CAMによるフィードバックを繰り返し、生産に入る前に製品完成度を向上させることが重要である（図21）。

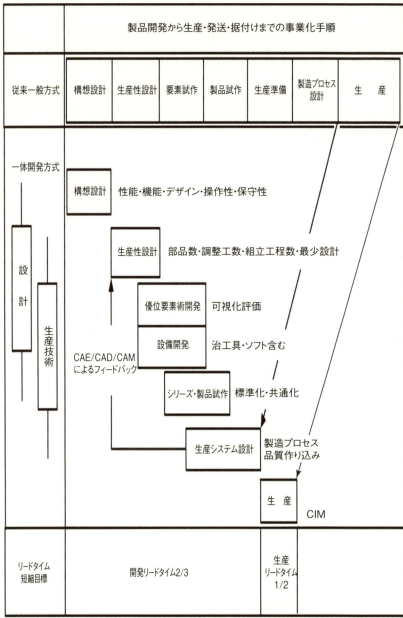

図21 製品開発と生産技術開発の一体的推進

2.2.4 PG・PT 活動の実践事例

多くの PG、PT 活動のうち、代表例として当時赤字に苦しんでいた自動車機器事業部、小形液晶事業部、車輌事業部に対し、それぞれ製造技術の革新により赤字を脱却し、今日成長発展している基礎になったプロジェクト実施例を紹介する。

(1) インジェクタ優位設備開発による投資削減

インジェクタ優位設備開発による部品数半減、組立工程数半減による投資削減の事例である。

図 22 のインジェクタ構造に対し、1990 年度当時、1994 年度の他社トレンドを厳しく予測し、これを下回る部品点数にするという目標を決め

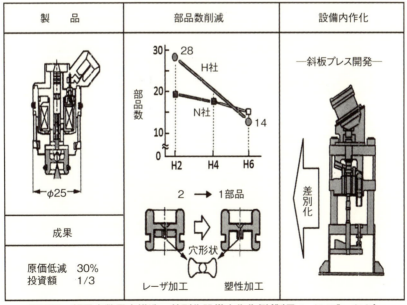

図 22　部品点数最少構造・差別化設備内作化例（製品：インジェクタ）

た。例えば図22に示すように、従来2部品であったものを、塑性加工法を用いて1部品にすることにした。この特徴ある塑性加工を可能にするには、設備設計者を育成し、他社が真似のできない斜板プレス機を開発し実現した。その結果、投資額が1/3で済み、原価低減30％を達成した。これにより、受注が増え赤字を解消した。

(2) 小形液晶事業の再生と持続的発展

AI応用による設備故障分析・予防システム開発によるノンストップ生産ライン構築の事例である。

小形液晶部門のTFT(Thin Film Transistor)に対し、1994年度、24人のPTメンバーを派遣し、生産ラインを一挙に立ち上げた。このカラー液晶のTFT部分は、生産ラインが装置産業であることから、多額の設備投資を必要とする。そこで投資額を減らすため、まずプロセス工

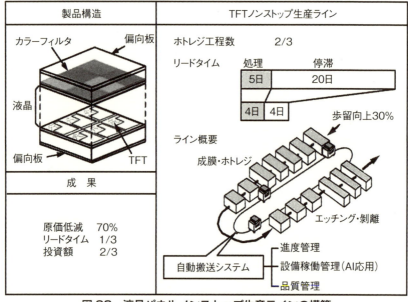

図23　液晶パネルノンストップ生産ラインの構築

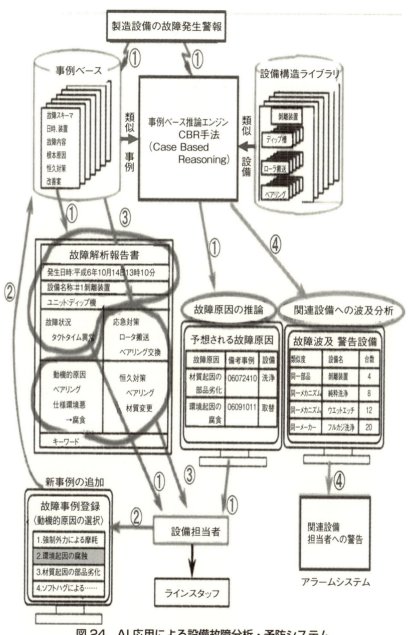

図24　AI応用による設備故障分析・予防システム

程数を減らすことを考え、ホトレジ回数を8から5に減らし、そして設備にはセルフクリーニングの機能を入れ条件の安定化に努めた。

次にリードタイムについては、従来は全体25日の内、各工程間で停滞する停滞時間が20日もあり、この停滞している間に膜が劣化し、歩留まりを低下させていた。そこでこの停滞時間を最少にすべく、各装置のタクトタイムを合わせ、装置間を直結した（図23）。

装置間を直結すると各装置の故障率は限りなくゼロにする必要があり、AIを応用した設備故障分析・予防システムを開発し設備故障時間を最少にした（図24）。

これにより設備投資は当初計画の2/3に圧縮でき、リードタイム1/3、原価低減70%を得て、小形液晶事業再生を果たした。

(3) 車輌製造事業の再生と持続的発展

構体溶接方案を革新し、一両流れノンストップ生産方式の確立により新幹線車輌の生産リードタイムを1/3にした例である。

新幹線の車輌は、ハイスピード化に伴い車輌の軽量化が必要になり、構体材料を従来の鉄からアルミに転換することになった。また、それまでは6両単位の非連続なバッチプロセスで作っていたものを、1両ごとの連続流れ方式に転換した。それまではバッチプロセスで作っていたので、納期遅れを起こし、一時は列車の時刻改正に間に合わない事態を引き起こしていた。そのため、何十年来続いていたバッチプロセスを止め、連続流れ方式にし、リードタイムを短縮した（図25）。

アルミは溶接が非常にやりにくい材料である。これに対し同じトーチに切削バイト、ブラシ、溶接棒を付け、切削、ブラシ作業、溶接作業を同時に流れの中で行なうことにより、酸化膜のない、ブローホールのない品質の良い溶接ができた。

第2章 製品開発と生産技術革新のマトリックス運営　103

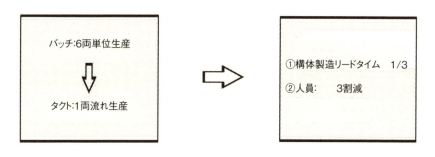

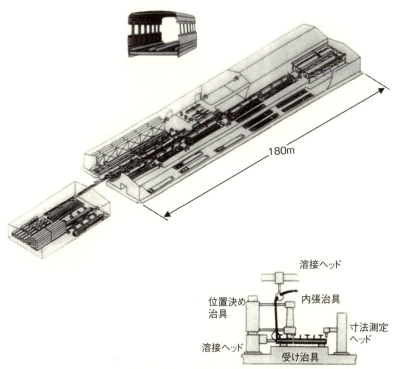

図25　300系新幹線・軽量アルミ車両生産ライン

また構体の全体溶接をする場合には、従来は構体全体を外から押さえる方式のがっちりした溶接治具になっていたが、寸法精度を確保するための計測器付きの移動式の簡単な内張り治具にして、流れ化を実現した。

溶接工程以降の艤装、配管、塗装なども一貫した流れにし、最終的に車輪を付けてそのまま車線を走って行くようにし、リードタイムを1/3にして、納期遅れを解消した。設計・製造一貫CAE/CAD/CAMシステムを確立して、顧客要求に対応した車輌をすばやく提案、納入できるようになった。赤字事業を一転黒字化でき、今日では日立の戦略事業となって発展している鉄道事業の礎となった。

2.3 日立国際電気での製品開発と技術開発のマトリックス運営 (1996 ～ 2004 年)

　日立国際電気は、通信情報・放送映像分野、半導体製造装置分野の2セグメントで事業を運営している。いずれの分野も将来有望な市場で競争も激しく、また半導体分野はムーアの法則による3年で4倍というシリコンサイクル、情報通信分野は5年ごとの周波数再編というサイクル、放送映像分野はアナログから地上波デジタル放送への切替え、放送とインターネットの結合など商品のライフサイクルが短く、短期間に新製品に置き換わるという変化の激しい市場分野の製品を扱っている。

　従って、常に顧客にとって魅力があり、かつ競争他社に打ち勝つ品質が安定した先行製品を市場変化のタイミングに合致して開発し続ける必要がある。

　このため、第一には製品開発・生産準備・生産の各段階でのスピードアップが必要であり、第二にはナンバーワン製品の実現には、製品のキーコンポーネントの優れたコア技術の深化・向上が必要である。

　製品中心の縦割り組織に対し、生産技術専門家集団を強化して、製品に対し技術の横串を入れるマトリックス運営を実行し、差別化製品の開発をサポートした。

　上記のような事業背景から、半導体製造装置、放送映像・無線通信部門とも、この変化の激しい市場に対してタイミングよく、魅力のある製品をリーズナブルな価格で提供するには、表7にあるように製品のコアになる熱流体、振動強度、精密移動機構、真空・光、自動制御・センサ、無歪増幅回路などの設計基本技術について、原理原則から徹底的に追求し、常に先行するキーコンポーネントを開発しておく必要がある。

　このため、各コア技術に対する専門の第一人者を日立製作所から技師

表7 日立国際電気 製品開発―生産技術革新のマトリックス運営

			半導体成膜装置分野	放送映像・無線通信分野
製品		事業セグメント	半導体成膜装置分野	放送映像・無線通信分野
		製品例	縦形CVD装置	基地局・端末(携帯カメラ)
		顧客価値	小形・クリーン薄膜・高スループット	小形・軽量・高信頼性
		キーコンポーネント	反応炉・高速搬送系	高効率冷却・筐体・高密度実装基板
固有技術	設計・製造・コア技術	熱流体	○	○
		振動強度	○	○
		精密移動機構	○	
		真空・光	○	○
		自動制御・センサ	○	
		無歪増幅回路		○
開発・試作期間短縮技術	CAE／CAD／CAM	機械構造系 光造形3Dプリンタ ＋ 可視評価	○	○
		電子回路系 高密度実装基板化 エー実装		○

長、主管技師長として引き抜き、これに若手技術者（学卒新人が主）を
つけ育成をしながら、そして大学、研究所とタイアップしてこれら高度
な技術を入れ込んだキーコンポーネントをすばやく短期開発試作するた
めの CAE/CAD/CAM ツールを充実させた。

　機構・構造関係については、原理方程式によるコンセプトを実現する
ため、CAE で解析し、その結果を光造形により 1 日で作れるようにし、
それを用いて、可視化評価して、フィードバックして、ブラッシュアッ
プするという方式を新設した。

　また電子回路基板には、高精度・高密度 CAE/CAD/CAM プリント
基板加工（電子ビーム直接描画方式による多品種高速システム）ツール
を新設した。機構系同様、設計した回路構想を CAE でクロストークな
どの解析をして実装設計し、一週間で基板加工を完成、ブラシュアップ
するというシステムを完成させ、高密度実装基板を開発することができ
るようにした。

　これによりプリント基板枚数を 3 枚から 1 枚にし、そして高効率冷
却・高剛性筐体も薄くて丈夫なものと、世界一の小形薄形軽量携帯電話
(当時)、高効率冷却技術を駆使して、光造形リバースエンジニアリング
を使ってそれぞれの人の体形にフィットしたイージーオーダ小形薄形放
送用カメラを開発した。これは正月箱根駅伝などに使われている。また
無線基地局、放送送信基地局（NHK 地上波デジタル）などにも高効率
冷却のコンパクト装置を競合他社の半分の期間で開発納入することがで
き、現在日本各地はもとより世界各地の放送基地局に採用されている。

　CVD 装置では、リベット板金工法による高剛性小形筐体に移載機構
を基準面に乗せることで、ウェハ移載の高速搬送を実現した。さらに熱

流体方程式により、高速薄膜形成プロセスガス供給構造を光造形モデルを使った可視化実験を行ないながら、大学と議論を重ね、ムーアの法則によるデバイス微細化推移に先行した縦形ＣＶＤ装置を開発し、事業伸長に寄与している。

第3章

プロジェクトリーダーとしての
あり方

はじめに

　前章までで述べたように、吉田は日立製作所グループ在籍 46 年間の
うち、入社後の 10 年間は技術研鑽を積んだ。後の 36 年間は、事業再生
プロジェクトのリーダーを務め、数多くの事業再生を果たし、持続的発
展の基盤を築いた。

　事業再生イノベーションはある日突然できるということではなく、継
続的な新技術へのチャレンジを積み重ねた成長の中で実現することがで
きる。

　本章は、このプロジェクトリーダーとしての成長の経緯を 3 つの
フェーズに分けて述べ、最後に、吉田の考えるリーダーのあり方を「**技
術革新による事業再生成功のための 10 カ条**」として示す。

第一の成長フェーズ（1960 〜 67 年）　自主独自製品の開発を通して技術者として成長

　工業計器新製品を自主開発し、艱難辛苦、2 度の大きな失敗をし、会
社に大きな損害を与えながらも、顧客に喜んでいただける製品を納入す
ることができた。

　失敗の反省を踏まえ、工業計器部門の製品機構部設計の確立と製造法
の革新をし、製品設計・生産技術の技術者として成長した。

第二の成長フェーズ（1967 〜 69 年）　新規事業・再生プロジェクト推進方法を学ぶ

　社運のかかった全社的プロジェクトにおいて、卓越したプロジェクト
リーダー兼技師長と全社から選り抜かれた技術者集団による短期集中、

合宿状態でのプロジェクト活動により、知恵を出し合い、目標に向かってベクトルを合わせ、実践することを学ぶことができた。

　2年半の活動で、日立全社利益の8割を稼ぐことになる経営効果を生み出したチームの一員として、集中して実行するプロジェクトのすごさを肌で感じた。

第三の成長フェーズ（1970 ～ 2006 年）　事業再生プロジェクトのリーダーとしての活動

　ほぼ3年ごとに12製品事業の再生を果たした時代である。一時しのぎではなく、抜本的な設計・製造の技術革新により、3年で事業再生の見通しを立て、プロジェクトを推進した。現物・現場・現実の3現主義に基づく、徹底した現状分析と周到な事前準備、マクロな見方でのビジョン・構想・計画、ミクロな運営行動の各段階で、第二のフェーズで学んだ卓越したプロジェクトリーダーのやり方を教訓として事業再生に取り組んだ。

　以下、それぞれの成長フェーズで心掛けて行動した内容を述べる。

3.1 第一の成長フェーズ
―自主独自製品の開発を通して技術者として成長―

1960年入社式での社長の訓辞は、"日立は「優れた自主製品の開発を通じて社会に貢献する」を企業理念としており、創業以来受け継いできた日立精神「開拓者精神・誠・和」を肝に銘じて、日立社会学校生活を有意義に送るように"というものであった。この訓辞は、吉田が日立で過ごした46年間の精神的なよりどころとなった。

日立精神とは次のような精神である。

① 積極進取の開拓者精神

外国から技術を買ってくれば、一時は早く成果が出てくるが、自分で力を付けなければ、社会の変化するニーズに対応することはできない。自主独創の精神で失敗を恐れず、志を持って行動を起こし、専門技術を実践・深耕し、自然科学や社会科学の知識の勉強体得を怠ることなく、苦難に立ち向かって実力をつけよ。

② 誠

処世術の習得などに心を奪われることなく、広い視野と高い道徳心を持ち、損得より善悪、正直に行動して信用を勝ち取れ。特に、製品の品質と信頼性の向上に全力を尽くし、製品事故を起こした場合には、臭いものにふたをせず、失敗を隠すことなく、誠実に迅速に対応し、顧客の迷惑を最小限にする万全の努力をして顧客の不信をなくすこと。顧客への対応が終わった後、失敗の経験を拾う「落ち穂拾いの会」を開いて、同じ失敗を二度と繰り返さないよう、当事者と経営幹部が一体となって、技術面と精神面の両面から事故に至った要因を洗い出し、再発防止策を確立し、類似製品なども検証し、事故ゼロ（NON-FAULT）を目指して、

第3章　プロジェクトリーダーとしてのあり方　113

事業部全体の品質保証体質水準の向上に努めること。

③ 和協一致

　広く知恵を集め、やみくもに付和雷同するのではなく、上下分けへだ
てなく、とことん議論をし、表面的な一致を求めるのではなく、結論が
出たことに対しては、有言実行・一致協力して前に進めること。

　吉田は、これらのことをバックボーンとして行動し、成長し、素晴ら
しい仲間と事業再生を果すことができた。

3.1.1　開拓者精神の実践

　1960年入社後、2カ月集合教育、8カ月の機械工作現場実習を経て、
吉田は1961年2月新設された計測器工場工業計器設計部試作課に配属
になった。配属後すぐに工業計器設計部長兼試作課長から、現場設置型
のPID（Proportional Integral Differential, 比例積分微分）調節計・操
作器の開発を2年で完成させるよう命じられた。工業計器は前述のよう
に、伝送器、PID調節器、操作器によりプラントの状態量を一定値に保
つ自動制御システムである。従来、鉄鋼、原子力プラントなどの大規模
プラントではPID調節計は中央集中管理制御室の計装盤にあり、プラ
ント現場にある検出端（伝送器）、操作器とは伝送信号で情報を遠隔制
御する構成になっていた。

　一方、熱処理炉（半導体拡散炉、結晶炉、熱処理炉）などの小規模プ
ラントでは、伝送器、PID調節計、操作器は一体化され、炉に近接す
る現場設置あるいは炉内蔵のPID調節・操作器が要望されつつあった。
このような小規模プラントに対応する現場PID調節計としては、遠隔

伝送ではなく、現場ノイズに強いシールド構造とし、検出端シールド線出力信号をそのまま PID 調節計入力とし、PID 調節計の出力も大電流出力を操作端バブルの駆動装置およびヒート・トランスなどの直接入力とした、ノイズに強い調節計を開発する必要があった。

　そこで吉田は、検出・PID 調節計・操作器を一体的な構成として、検出部・操作部の増幅回路を省くことで構成要素を減らし、信頼性向上とコストダウンをねらいとした。そして、この方式を実現するため、PID 調節計の増幅器には、当時開発されたばかりの現場ノイズに強い FET トランジスタ素子、出力段には大電流を制御できる SGR 素子を採用したオール・ソリッド・ステート方式とした。操作器にはフェールセーフを考えて、サーボモータにウォーム歯車減速機構という構成を考え、伝達函数による制御性の計算結果と原価計算内容を付けて、関係先に提案内容を回した。すると、各署からいろいろなコメントがあり、総じて"今の工場の実力では実現性はむずかしく無謀"という意見が大半であった。

　しかし、開発を命じた設計部長兼試作課長は"とにかくやってみよ"ということで、試作費と電子回路設計実験者と機械設計製図者をつけてくれた。また茨城大電気工学科主任教授にも毎週一回、電子回路設計および自動制御の講義を頼んでくれた。

　このような援助・指導を受けながら、トランジスタ回路、自動制御、歯車、材料力学などの専門書と、機械工学便覧を片手に、設計、計算、実験を繰り返し、バラックセットながら開発を命じられてから一年半で工場内検査を合格するものができた。

　このため、あと半年で実際の顧客環境に見合った製品にしようと、製品試作伺いを工場内および営業に回したところ、営業からは「もう注文を取らせてほしい」とのことで、工場長は 10 台まとめてつくれという

こととなり、製品試作をせずに、開発を始めてから2年後に仕込み品が完成した。

　そして、この中の5台を日新製鋼社の重油炉のバーナによる温度制御装置として納入した。吉田は試運転に行き、連続炉の天井に登って炉の動特性に合わせたP（比例）、I（積分）、D（微分）の設定条件決めを行なっていたところ、バーナの負荷トルクに耐えかねて、操作器のウォーム歯車減速機のシャフトが折れてしまった。幸いフェールセーフ機構になっていたので、炉は暴走しなかったが、プラントの運転開始まで4カ月と迫っていた。この事故は、工場内での試作品検査で実際の負荷試験をしなかったことによるもので、吉田が作成した検査仕様ミスであった。

　工場に戻って、大至急材料強度のバラツキおよび部品精度バラツキを加味した強度計算のやり直しを行ない、シャフトを太くし、焼入れ硬度を上げ、減速機ケースの再設計、鋳物の吹き直しから始めて、ウォーム歯車減速機5台を3カ月という短納期で製作し、今度は過負荷寿命加速試験（死に様テスト）を経て納入し、顧客の本運転に間に合わせることができた。しかし、結果的に10台のために20台分の費用をかけたことになり、工場に大損失を与えた。

　続いて半年後には、日立社内カラーブラウン管工場で作っている磁気メモリ結晶炉の炉内温度を0.01℃精度に保つため、300Aのヒータ電流を制御するPID調節計、操作器の開発を頼まれ、炉メーカに納めた。しかし、現地で大電流を通す電線ケーブルの結線間違いにより、炉メーカの主電源を飛ばし、炉メーカの操業が1日停止するという事態を引き

起こした。そして1週間現地に泊まり込みで再製試運転を完了した。この年、吉田は2件の失敗で工場に大損害を与えてしまった。

3.1.2 誠の実践と落ち穂拾い

　顧客での事故対応においては、自社の損得より、顧客の立場を優先に、昼夜をおかず対策し、顧客の試運転に間に合わせ、業績向上に寄与したことで、顧客の信頼を深めたことは何よりの喜びとなった。特に、日立社内カラーブラウン管工場の磁気メモリ炉が順調に動いた実績は、後にPT活動で赴任した際に、いろいろな提案に素直に応じてくれる原動力になった。

　この当時、工業計器部門では、機構系の摩耗、電子回路のノイズによる誤動作など種々の社外事故が多発した。これらは「落ち穂拾いの会」にかけられ、工場長は社外不良ゼロの製品を作る体質を作るため、技管室（生産技術部）を作り、工業計器設計部長、工業計器設計課長（電子回路系）、製作課長（機械系）と吉田他エンジニア5人をラインから外し、そこに配置した。そして、工場長から「1年間で社外事故ゼロにする設計・製造法を確立せよ」という指示がなされた。吉田は、他の2人の機械エンジニアとともに、前製作課長（後の初代生産技術部長）の下で、機械系で特に摩耗事故の多かった歯車伝達時計機構の設計法・製作法の見直しに取り組んだ。

　そこで摩耗事故現象を分析し、構成する歯車、地板、支柱、シャフト、軸受について、その必要面アラサ、地板の平行度、ピッチ寸法精度、軸受硬度などの設計基準を作った。これを達成する工作法として、自動盤、

第3章　プロジェクトリーダーとしてのあり方　117

表面硬度を高める転造盤、地板のソリ直しを行なうレベラー、高精度穴明を行なうファインブランキングプレス、高精度歯車測定器導入など、製作法の革新を行なって、摩耗事故をなくすとともに、工業計器工作現場を一新した。

特に、他工場から譲り受けた自動盤に対し、欠品していたコレットチャックの製作、ガイドブッシュを真円にするための焼き入れ研磨作業、カム軸の設計、ヤスリ仕上げ作業など、自分で汗を流した。そのお陰で、加工ノウハウの神髄を会得し、工場の生産技術の研究報告第一報となり、製造技術の"勘どころ"を捕まえることができるようになった。また事業再生プロジェクト活動のノウハウも得た。そして、作成した歯車設計基準は全社の歯車設計基準になった。

この時のやり方は、後年吉田が全社品質保証部門を統括する立場になった時に、落ち穂拾いのやり方を"大人数原因追究会議"から"少人数再発防止品質体質構築・議論の場"に改革するきっかけとなった。

3.1.3　和協一致の実践

事故を起こしたピンチの時に、当初開発に警鐘を鳴らした計装取りまとめ主任、検査主任、サービス主任が一糸乱れず、対策に奔走してくれた。

特に、電気が専門の直接上長であった設計主任は、事故対策として減速機の設計やり直しに際し、徹夜で吉田と隣り合わせにドラフターに向かって、吉田の考えに基づいて図面を作成してくれた。まさにピンチのときの指導者のあり方を学んだ。プロジェクトリーダーの姿勢として肝に銘じた。

事故対策に当たって、工場ではマイナーな製品で、しかも事故対策ということで、設計課長および製作課長はあまり熱心に手を貸してくれなかった。吉田は当時、工場敷地内にテニスコートが新設されたので、テニス仲間を募集し、テニス部長として休みの日は練習とコート整備に励んだ。この仲間が、いろいろな部署にいて助けてくれた。人間は職制だけでは動かない。ピンチの時ほど、心の結びつきが大切なことを学んだ。

この期間、工場に大損失を与えたことから、評価（給与）は最低であったが、技術者としてやっていけるという自信がついた。そして、現場で、機械工作現場の近代化に取り組み、他工場から譲り受けた自動盤および新規導入した自動盤の稼働に汗を流していたところ、設計部長の席に呼ばれ、「本社に生産技術推進機動部隊が発足し、各工場から在籍5年以内の技術者を一人ずつ出すことになった。計測器工場には、設計・製造を経験し、自動制御に明るいエンジニアを出せという副社長命令が来た。吉田がこれに該当するので一時本社に転籍せよ」と、2日後の金曜日に本社に集まるようお達しが出た。本社に集合すると、翌週の月曜日にはカラーブラウン管工場に行けということで、第二の成長フェーズが始まった。

3.2 第二の成長フェーズ ―新規事業・再生プロジェクト推進方法を学ぶ―

1967年、吉田は、日立本社に創設された生産技術推進センタプロジェクトチーム（略称PTチーム。全社各工場から一人ずつ集められた中堅・若手技術者で構成する総勢24人の2チーム構成の機動部隊）の一員として、2年半6工場（1工場4～6カ月）に駐在した。当時社運をかけたオールトランジスタカラーテレビのカラーブラウン管工場、半導体トランジスタ工場、テレビ組立工場などの生産合理化活動（生産ラインの装置産業化）に参画し、プロジェクトリーダーの力量によって、プロジェクト活動による機動的な運営が莫大な経営効果をもたらすことを、身をもって体験した。

すなわち、PTが発足して、吉田（当時29歳）が最初に赴任したのがカラーブラウン管工場で、超一流の技術者で卓越したプロジェクトリーダー石風武人技師長（当時55歳）の下、生産合理化・自動化活動に従事した。本節ではこのリーダーのやり方について紹介する。

石風武人技師長は、山口県下松にある笠戸工場でディーゼルエンジン設計などをし、プラント設計製造部長から赴任してきた。威厳のある、名前の通り野武士の風情のある明治生まれの指導者であった。吉田はマンツーマンで指導を受ける幸運に恵まれ、またプロジェクトリーダーのあり方はその後のプロジェクト活動のお手本になり、同氏が本社技師長および日立精工常務になってからも、計測器工場では終始温かく厳しく指導をいただいた。そのプロジェクトリーダーのあり方は一言で言うと「やってみせる、やらせてみせる」方式であった。

3.2.1 | 段階1 ファクトファインディング

　石風技師長は、カラーブラウン管工場に赴任して来るや否や、挨拶も
そこそこに、まず工場の隅から隅まで敷地の塀づたいに歩き、全体の配
置をつかんだ。そして今度は吉田を連れて、全長1kmある製造ラインに
沿って、電子銃組立、シャドウマスク製作、ファンネル・パネル組立、
蛍光膜塗付真空排気までの全工程を、始点から終点まで、メモを片手に
入念に隈なく見て回り、設備内容を頭に入れた。

　事務所に戻ってきてから、吉田を机の前に座らせ、メモを元に全工程
の製造フローチャートを、絵を混じえながら作成した（Ａ４サイズ30
枚程度。図26参照）。

　一度現場を見ただけだが、ほとんど間違いなく、わかりやすく作成し
たのには驚いた。

　そして、次は作成した製造フローチャートと、ストップウオッチ、
ルーペ、巻き尺を持って再び現場に行き、各工程での作業手順、作業時
間、設備概要（概略寸法記入）を製造フローチャートに書き入れた。こ
うして現状の製造フローチャートを一週間で完成させた。

　現状を把握したところで今度は次の内容の合理化計画を作った。

1) リードタイムを短縮するための製造工程数の削減およびタクトタイ
　　ムを統一して、工程間仕掛りのゼロ化を図るプロセス処理作業方法
　　の改良施策

2) 省人化のための自動化設備およびマテハンの自動化設備の計画によ
　　る連続一貫流れ方式

　そのため、吉田を含めた３人のメンバーに対して、主任技師には工程
数削減および工程間仕掛りゼロ化、技師には動線を最小にするレイアウ

第3章　プロジェクトリーダーとしてのあり方　121

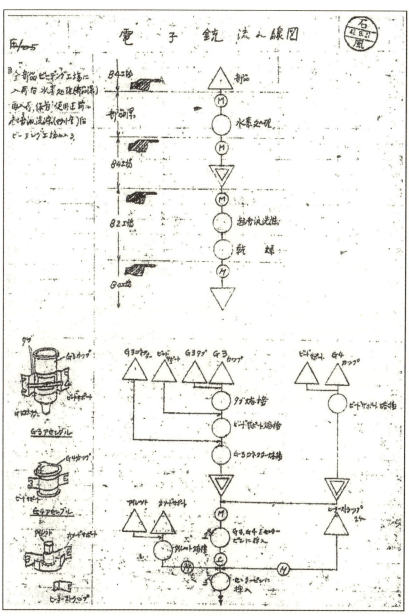

図26　手書きの製造フローチャート

ト計画、一番若い吉田には省人化のためのマテハンおよび処理工程の自
動化設備構想を、それぞれ考えさせ、各案が煮詰まったところで、一週
間プロジェクトリーダーが机の引き出しの中に仕舞っておいた案と比
較しながら議論し（というよりほとんどは指導していただき）、ブラッ
シュアップした。

3.2.2 段階２ 即効性のある改善策により信用を勝ち取る

　こうして段階１で全体合理化計画ができたところで、すぐやれる（１
カ月以内で）合理化案をまず現場で実証してみせた。

　例えば、10kgあるブラウン管をコンベア間移動させるロボットがあっ
たが、工場ではスウェーデンの会社から購入していたものの動かせない
でいたので、吉田はリレーシーケンスを組んで２週間で動かしたところ、
製造ラインから信用を得た。

　次に、図27に示すシャドウマスクの製造フローの中の「レベラー」
では、レベラーを用いてシャドウマスク鉄板のソリ直しを20回繰り返
していた。吉田は塑性加工理論からして一回で済むはずと石風技師長に
伝えたところ、技師長は軍手をはめて、吉田を連れて現場に行き、吉田
が既に計測器工場で行なっていた実験条件を入れて、一回のソリ直しで
済むことを証明した。また、吉田の研究報告書を見せたところ、頑固な
組長も納得し、工程間の停滞がなくなり、流れがスムーズになった。

　さらに、シャドウマスクを冶具で拘束して、水素焼鈍を拘束焼鈍にす
れば、内部歪のない所定の形状が得られ、レベラーでのソリ直しが不要
になるのではないかと組長に提案し、拘束冶具を設計製作したところ、
今度は組長が積極的に実験を一緒に行ない、レベラーでのソリ直しを不
要にすることができた。

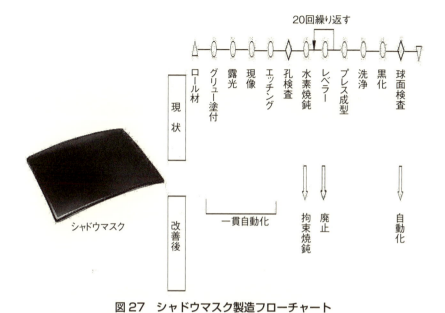

図27　シャドウマスク製造フローチャート

　この時の石風技師長の態度は、組長の心理状態を読み取り、一技術者として組長に接していた。このことがあり、当時現場では天皇的存在であった組長が、その後のPT活動に積極的に参画するようになった。

　改革を成果に結びつけるための人間関係の接し方についても、宿舎で仔細に指導を受けた。「改革を行なうには、行動としては大上段に振りかぶるのではなく、性能に余り影響しない小さなことから改良実績を出し、相手の信用を得てから、抜本計画を示すという手順をとれ」と言うことが口癖であった。

3.2.3　段階3　Q・C・D向上のための製造プロセス改善計画と投資計画立案

　段階1と2で1カ月過ぎたところで、再度製造工程でのQ（現状検査

内容品質不良・歩留5%、魚の骨図による要因分析及び対策案）、C（プロセス処理設備およびマテハンの自動化による省人化対策）、D（工程数および工程間停滞時間ゼロ化）の全体構想計画を立て、事業部、工場側と議論して煮詰め、投資計画を作成した。

　そして、その投資計画を石風技師長がPT担当常務と副社長に、カラーブラウン管担当常務の事業部長が社長に、それぞれ説明し、PT計画ということから最優先事項で社長認可となった。PT滞在期間が残り4カ月となったなかで、設備開発などの投資計画を試行できた。

　PTチームが実施した主な内容は、
　　・電子銃部品の耐真空処理法確立と自動組立設備開発による高真空・高精度電子銃の完成⇒性能・歩留の向上
　　・シャドウマスク、原板、ドット穴明け、エッチング装置、穴ずれ対策⇒性能・歩留の向上
　　・蛍光膜塗付装置、付帯設備配管の改良⇒歩留が5％から60%へ向上
　　・真空排気装置の改良⇒きれいな真空室、排気時間の大幅短縮

　これらにより、吉田を指導してくれたプロジェクトリーダーの石風技師長は半年でPTを離れ、そのまま製造担当工場長として事業部に残り、PT計画の実施により、Q・C・D面で当時の競合他社を圧倒するブラウン管ができた。

　そして吉田は、石風技師長と別れたが、PTチームの一員として、半導体工場、テレビ組立工場、産業機器工場、計測器工場の6工場に駐在

し、石風方式の①製造フローチャートと不良分析、②改良案現場実験、③合理化・自動化設備計画および設備開発の手順を一担当者としても行なった。

半導体工場PT活動では、世界で初めてのホトレジ一貫装置の開発による、半導体生産を手工業的生産方式から工業生産方式に変換することができた。また、テレビ組立工場では、電子回路部品のプリント板への自動挿入機（振動式）、ホワイトバランス自動サーボ調整装置の開発により、オールトランジスタカラーテレビを実現した。

先行者利益に貢献するとともに、白物家電、計測器工場におけるPT活動においても、「岡目八目」、「マクロに見てミクロに行なう」石風方式による活動を行ない、その後、計測器工場を始めとしたプロジェクトリーダーでの活動指針ともなった。

3.3	第三の成長フェーズ ―事業再生プロジェクトのリーダーとしての活動―

第2の成長フェーズで述べたように、吉田は卓越したプロジェクトリーダーの下で、マクロに見てミクロに行なう活動によりプロセス・イノベーションを果たすことができた。

2年半過ぎて計測器工場に戻り、その後、本社、日立国際電気では終始プロダクトイノベーションとプロセスイノベーションを同時に行なうプロジェクト活動により、事業再生プロジェクトリーダーを務めた。

以下、事業再生プロジェクトリーダーとして、「ビジョン」、「事前準備」、「計画」、「運営」の各フェーズで、どう考えてアプローチしたかについて述べる。

3.3.1 ビジョン

- ・プロジェクト活動は、3年で再生を果たすことを第一ターゲットとし、さらに6年後を見据えて、同時に手を打つ。対象とする資本財先端機器市場は、半導体のムーアの法則や放送無線通信規格のように3年または5年ごとに高度化し、また、B to Bの市場では顧客企業の人事はほぼ3年で切り替わる。一方、従来技術の延長でない技術確立には、実験して成功するのに3年かかる。
- ・顧客価値実現のため、キーコンポーネントの追求と品質第一を目的に、一桁高い高精度技術および設備の確立による、互換性のあるシンプル製品構造と後戻りのない生産方式を目指す。
- ・Q・C・D活動は各々単独にやらず、常に三位一体の革新（改善で

なく）活動を行なう。

　Qは、NON・FAULT を目指し、源流からの品質作り込み体制を確立する。

　Cは、直接コスト半減（トータルコスト 2 割減）を目指す。

　Dは、生産リードタイム半減（トータルリードタイム 2 割減）を目指す。

常に、全体最適化を考え施策を行なう。

3.3.2　事前準備

石風武人リーダーの実施したやり方を踏襲した 3 現主義で取り組む。

・マーケットの現状および動向、現状製品仕様構造を、製品設計部門に聞き、また現物を観察する。

・製造フローチャートを作成する。自分の足で現場、現物、現状を観察し、隘路事項、因習などをフローチャートに書き込む。

・部下の専門技術スタッフと、製品構造および製造法の革新策について議論し、事業再生案を作成し、2、3 の革新例を実験し、2、3 カ月で成果物を設計に見せ、信用を得る。

3.3.3　計画

　3 年で成果を出せる経営計画、製造構造、高精度製造技術、設備開発構想を作り、人、物、金を確保する。

・人（チーム構成）

　計画した製品構造を達成するための高精度製造技術者、および設備開発設計技術者を少数精鋭で集める。優れた技術者に関する目利きと根回

しが重要である（各組織からの引き抜きに当たっては、本人の上位上長と交渉する）。専門技術者の下に学卒新人をつけ、３カ月の機械工作実習を課し、仕事に従事させる。これは、新人のほうが最新の科学技術に対する知識があり、またしがらみがなく高度な専門技術者の下につけると、指導の下で、純粋に粘り強く、果敢に新技術に挑戦する。

・金（開発費の確保）

技術開発計画、設備開発計画、投資計画を作成し、開発は必ず２方式併行方式とし、設計部門と共同で提案する。事業再生をする時には、プロジェクトスタート時、設計は不採算部門であり、単独ではなかなか提案しづらい。工場や会社を横断的に見る生産技術部門が工場長に上申する。

・物（要素試作、設備試作）

開発目標仕様のものを、計画通りに完成する（物の試作）仕組みを作る。吉田は日立製作所全体の仕組みを活用して、要素試作や設備試作は、生産技能研修所での４カ月研修の課題として提案し、社内の精密設備と全社一級技能者により、性能とスケジュールは自律的に守られ、半年に３件ずつ要素試作や設備試作が遂行できた。本社および日立国際電気では、光造形 CAE/CAD/CAM システム（今で言う３Ｄプリンタ）を導入し、開発試作スピードを１サイクル１週間と大幅短縮した。製品設計・生産システム設計は、日立本社 PT グループの派遣を活用することにより、半年ごとに要素試作エンジニアリングが完了した。

3.3.4 運営

(1) プロジェクトメンバーへの行動指針

製品の競争力は、携わる人材のレベルの高さに左右されると言っても過言ではない。

特に、事業再生プロジェクトの成否は、プロジェクトメンバーの基本技術の高さと、目標に向かってベクトルを合わせたチャレンジにかかっていると考え、プロジェクトメンバーに対して下記の行動指針を掲げた。そして、プロジェクトメンバーは、自主的にプロジェクト室の壁に貼り、毎週月曜の朝礼時に全員で唱和していた。

プロジェクトメンバー行動指針

1. それぞれ一人ひとりがプロ意識に徹し
   基本をマスターしよう

2. 失敗を恐れず向上心を持って常に挑戦しよう

3. スピードを第一に心掛け、事実を見つめ、
   市場変化のタイミングに合致した行動をしよう

人間力　×　技術力　×　コストカ
(執念とコミュニケーション)　(設計・製造)　(変動費と固定費)

この行動指針に応じて、メンバー各自が向上するように、吉田は次のような具体的な施策を実施した。

「1．基本をマスターしよう」に対しては、新人には配属後まず3カ月の機械工作実習、3カ月の光造形 - CAE/CAD/CAM（現在の3Dプリンタ）の実習の計6カ月の実習を課し、自分自身で設計・製作できる基本をマスターさせてから実務につかせた。

「2．失敗を恐れず挑戦しよう」に対しては、現製品に比べ性能・機能2倍、顧客でのサービス・フリー、据付時間極小、構成部品数半減、

製造プロセス工程半減になるような挑戦的な製品構造アイデアを提案させ、可能性フィフティ・フィフティならば実現させるためのスタートを切る。そして、プロトタイプを試作・実験し、改良を繰り返すことにした。従来技術の延長のマイナーな改良で失敗しないより、失敗しても挑戦し、実力をつけることに重きを置いた。

「3.スピードを第一に」に対しては、まず提案は必ず概略図あるいは3次元表示の絵で構想を表現し、原理の説明を入れることを徹底し（石風方式）、さら概略コスト内訳、リードタイム内訳（製造フローチャート）を入れたものにして、プレゼンテーションし、周囲からの議論、理解、協力が得られることで、推進スピードを向上させるようにした。

(2) プロジェクトリーダー自身の行動規範

〈管理より推進することを主眼に考え行動〉

頻繁に現場に出て、推進策を議論し（短時間）、また困っている問題に対し一緒に考え、対策の手助けをする。

いろいろな雑用、個人的な悩みなどを察知し、仕事に優先して手を打つよう配慮し、仕事に没頭できる環境作りを心掛ける。

会議はできるだけ避けるが、①毎週月曜日の朝2時間メンバー各自から進行状況、問題点、要望を聞く（一人10分）、②1カ月に一度技術内容検討会を開く（半日）、③半年に1回報告会を開く。

〈関係先への報連相〉

トップへの週報は、問題点とその対応策を主体とし、いい話の報告は控える（未完成の状態でトップに営業活動されると、その対策に多くの時間を要することが多い）。

大学、研究所、学会との接触に心がける。特に、原理原則に則った開発を旨として取り組んだので、具体的テーマについて大学、研究所には学問的アプローチを頼む。依頼先に中堅エンジニアの長期留学をさせる。

例1. 計測器工場、半導体圧力センサ開発プロジェクトの超精密加工機について、空気軸受の開発のため、研究所に半年派遣、理論的裏付けをマスターして、歪みのない半導体センサを完成させた。

例2. 本社時代に液晶のノンストップラインを構築するために、設備ダウンを最少にするシステムを作る、"ＡＩによる推論エンジン"を開発するために、米国カーネギーメロン大学に１年留学させ、ノンストップライン構築が実現できた。

例3. 日立国際電気ＣＶＤ装置開発において、きれいな薄膜を作る装置とするため、"熱流体の原理原則"を極める目的で１年間北大に派遣し、その結果、博士号を取得し、次世代薄膜装置を開発することができた。

3.4 | 技術革新による事業再生成功のための 10 カ条

　最後に、吉田が事業再生プロジェクトの心構えとしてまとめた、「従来技術の延長ではない、技術革新による事業再生成功のための 10 カ条」を示し、プロジェクトリーダーのあり方のまとめとする。

従来技術の延長でない技術革新による事業再生成功のための 10 カ条

　メガコンペティション時代に打ち勝つため、最先端技術の絶え間ない追求による顧客価値の実現

基本

第 1 条　マインド：常に原理原則に立ち返って、物理現象・基本原理の追求と生産方式の単純化を追求したシンプル構造製品を目指す。

第 2 条　方針：現実、現場、現物を良く分析し、問題点に対する抜本策を作成するとともに、従来製品を納得いくまで評価分析する。

第 3 条　行動：従来製品の延長は多数派、高度の専門技術を基にした基本原理追求は少数派、執念をもってやり通す。

製品化

第 4 条　キーコンポーネントの高精度コア技術の育成を図る。

第3章　プロジェクトリーダーとしてのあり方　133

第5条　理論方程式、シミュレーション、実装方式、実験評価のサイクルによる製品開発を繰り返す。

第6条　製品システム特性と構成要素特性との相関を確かめながら、一気通貫で製品試作を進める。

事業化

第7条　もう一度市場動向および顧客の求める真の価値を把握し、それに合った機能を作りだし、プロトタイプを提示する。

第8条　NON·FAULT を目指し、顧客使用環境条件に対する信頼性確認試験を行なう。

第9条　製造方式・生産準備（冶具等、流し方）、品質作り込み体制を事前に確立する。

持続的発展のための人間力

第10条　製品は、これを開発する人の人格が反映される。プロ意識に立って、夢に向かってチャレンジ精神を持ち続け、感性を研ぎ澄ましながら、スピードある行動と執念をもってやり遂げる人を継続して育成する。

第4章

日立流事業再生マネジメントの考察

4.1 技術革新による事業再生の基本的な方針

1970年代から2004年にかけて、吉田が関与した革新による事業再生プロジェクトによって、日立製作所・同グループにおいて数々の事業が再生され、その後も持続的発展を遂げている。これらの事例を基に、技術革新による事業再生の基本的な方針、組織としてのイノベーション推進戦略、事業再生プロジェクトのリーダーによるイノベーション・マネジメントについて考察する。

吉田がリーダーとして携わった4つの事業再生プロジェクトの事例と、製品開発と生産技術革新のマトリックス運営の事例から、技術革新による事業再生に関する基本的な方針として次の点を指摘することができる。

4.1.1 製品設計と生産技術の一体的開発の実行

事業の再生のためには、製品開発の後で生産技術を考えるのではなく、製品設計の段階で生産技術の観点から、変化する将来の市場に対応する待ち伏せ製品となる性能を達成するための方策を考えている。つまり、製品性能に対し必要な部品精度および組立精度を計算（シミュレーション）で求め、その製造精度を得ることができる製造技術と製造設備の開発が、製品開発と一体的に実行されている。これにより、他社が容易に真似のできない顧客価値の高い製品を創ることができた。同時に、製品構造の簡素化と後戻りのない生産方式を実現し、製品競争力と事業の採算性を飛躍的に高めている。この一体的開発を的確かつ迅速に行なうために、設備の内部開発・製作が実行されている。

第4章　日立流事業再生マネジメントの考察　137

　これは、第1章の4事例すべてに当てはまる。例えば、電子顕微鏡では、高性能で経年変化のない安定した電子顕微鏡を実現するため、ユニット構造の高精度化、製造プロセスの革新を図り、後戻りのない生産システムを確立し、これにより直接コスト削減とリードタイム短縮を同時に実現した。

4.1.2 「基本原理」に基づくキーコンポーネントの革新

　製品や製造設備に関する技術革新において、既存の製品や製造設備に囚われることなく、「物理現象の基本原理」に基づいて、製品機能や製造設備の機能構造を考えるとともに、先端科学技術を活用して、キーコンポーネントのコア技術を開発している。このキーコンポーネントの革新が長期的な競争力の礎になっている。

　圧倒的な優位性を持つキーコンポーネントの例としては、電子顕微鏡における「まっすぐに電子線を発射するための電子銃チップ」、「アウトガスのでない高純度真空の電子銃室」、「磁気的・形状的な同芯度を高めた電子レンズ部」などがある。また、半導体圧力センサにおける「マイクロクラックのない高精度薄膜ダイヤフラム」、「ダイヤフラムと金属ポストとのひずみなく高温に耐える接合」などのほか、CVD装置では「均一で高速な薄膜生成方式」などが挙げられる。これらのキーコンポーネントの内作のために新たな独自の製造設備を開発している。一方、ステッパではキーコンポーネントの「縮小投影レンズ」の内作化ができなかったことなどから、事業から撤退することになった。

4.1.3 技術・開発手法の横断的・継続的な展開

　製品・製造設備の開発に当たっては、物理現象の方程式作成、計算シミュレーション、製造方案の確認・実験・評価を繰り返し、精度を確認してから製品試作に移っている。

　このプロセスを個々の製品別の縦割り組織において個別に実施するのではなく、技術的に横串を通す横断的組織（生産技術部）を設立して、先端科学技術の導入・開発や、各製品部門における製品革新と製造設備革新の一体的革新を、効率的かつ効果的に推進することを可能にした。

　また、技術革新は、挑戦とその成果の積み重ねが重要であり、あるプロジェクトで挑戦した製品・製造設備の革新技術および開発手法は蓄積され、後続のプロジェクトに適用され、継続的な展開を可能にした。

　例えば、電子顕微鏡プロジェクトで開発された超高真空脱ガス技術は、半導体圧力センサの高精度拡散技術に用いられ、その後の半導体製造装置（CVD装置）にも使われている。また、電子顕微鏡の排気系については、そこで開発された内張り治具による溶接法（TIG法）は、新幹線アルミ車輌構体内張り治具溶接法に用いられ、リードタイムの大幅削減に貢献した。そして、排気系構造はCVD装置にそっくり適用されている。さらに、半導体圧力センサ超精密薄膜ダイヤフラム技術は、その後MEMSの発展に貢献し、その製造装置開発の技術は半導体製造装置（ステッパ、CVD装置）に適用された。

第4章　日立流事業再生マネジメントの考察　139

4.2　事業再生のためのイノベーション・マネジメント

　次に、上述の基本的方針が実行できたマネジメント要因について考察する。

　吉田が実行したのは、未成熟な製品技術と製造技術による競争優位性の高くない事業を、製品技術と製造技術の一体的革新により、顧客価値を飛躍的に高める価値イノベーションである。これにより、長期的に競争力のある事業へと再生した。この事業再生には、組織としてのイノベーション推進の戦略的取り組みとともに、吉田が行なった事業再生プロジェクトのリーダーによるイノベーション・マネジメントが大きく寄与していると考えられる。

4.2.1　日立製作所のイノベーション推進戦略

（1）技術革新による事業再生を共同実施する PT チームの設置

　本社生産技術部の中に、グループ内の不振事業を再生するための機動的支援部隊として PT チームが設置されたことが重要である。不振事業の部門に PT チームから専門家を送り込み、共同して事業再生プロジェクトを立ち上げ、製品と設備の一体的な開発を行なうことにより、事業再生を実現している。

　この方式のメリットとして、部門外からの専門家が参加することにより、事業部門の常識に囚われない発想・技術によって非連続の技術開発・製品開発が可能となることである。また、各事業部門に有することはむずかしい事業再生の専門家集団をコーポレートとして保有し、技術やノウハウを蓄積し、機動的に社内に配置できることである。

(2) 時限付き事業再生プロジェクトの実施

　3年間の事業再生プロジェクトとして、3年で成果を出すことが要請され、半年ごとに計画した成果を出す必要があったことが、将来の顧客が求める次世代製品の開発、そのためのキーコンポーネント開発や設備試作が着実に行なわれたものと考えられる。生産技能研修所の優れた技能者の活用により、挑戦的課題の試作が半年ごとに達成できたことも、3年間で成果を出せた大きな要因である。

(3) 事業現場でのプロジェクトチームの配置

　プロジェクトチームは、既存事業の現場に隣接して配置され、既存事業のメンバーも参加するプロジェクトとして実施された。これは、関連する市場・技術に関する情報が入手できること、アイデアを試作する環境が整っていること、既存事業メンバーの協力が得られるメリットがある。

　CVD装置プロジェクトの場合、富山工場にプロジェクトチームを配置し、日立製作所生産技術部から派遣されたPTチーム10名を含め、プロジェクトチームメンバーは富山工場に常駐している。

(4) 他部門出身のトップによる事業部門の革新

　イノベーションは「新結合の遂行」（シュンペーター）と言われるように、異質な発想や考え方が出会い・反応することが重要である。日立は、PTチームによる技術の新結合による事業再生・革新の推進と併行して、工場長を時々他部門から配置することにより、新たな視点から工場（複数の事業部門からなる）の革新を促している。新たな視点を持つトップによる事業部門革新の遂行である。

　計測器工場の第3代工場長は重電部門から赴任し、開発一辺倒だった

第4章　日立流事業再生マネジメントの考察　141

工場を生産技術による革新に取り組むように転換させた。半導体圧力センサの開発をねばり強く推進した第4代工場長は中央研究所から赴任している。また、第8代工場長は電機事業部から赴任し、半導体製造装置部門を新設し、新しい事業の柱とした。こうした大きな事業部門革新の中で、吉田が事業再生プロジェクトを実行することができたのである。

4.2.2　プロジェクトリーダーのイノベーション・マネジメント

　事業再生プロジェクトのリーダーとして、吉田は次のような活動を意識的に実行している。

(1) 問題点の本質を見抜く

　事業再生に当たっては、顧客での製品の稼働状況や生産現場での製造プロセスなどをよく観察して、不良要因となる問題点の本質を見抜くことをまず実践している。半導体圧力センサ開発では、研究所の試作職場で加工している状況を2日間見て、一般の研削加工や半導体プロセスでの試作に問題があることを見つけ、新たな製造方式の開発に取り組んでいる。

(2) 常に攻めの姿勢で非連続な革新を構想

　問題点の解決は、事業部門の既存の発想・技術を前提にせず、「あるべき姿を目指す」という常に攻めの姿勢を持っていた。改良ではなく革新を図る観点から次世代（多くは次々世代までも）の顧客価値を考え、また部品や生産上の課題を解決するために抜本的に構造や機能を考えることにより、従来の製品設計・設備開発とは非連続な構想で世の中にない製品や設備を作り出している。これによって、自社の従来製品や他社

製品に比べ、桁違いの高い性能・機能を生み出したのである。

(3) 革新実現への多面的段階的なアプローチ

顧客・市場は変化するため、顧客価値の変化に対応して性能の重点が変わることを想定し、機動的に対応するため多面的なアプローチで開発している。半導体圧力センサでは、カンチレバー方式と直結圧力伝送方式の2方式で開発し、受注後の段階で方式を確定している。CVD装置では、次世代機と次々世代機の開発を並行して進め、それぞれの技術的課題の克服を統合して、よりレベルの高い一つの方式にまとめている。

また、プロジェクトの実行においては、直ちに非連続な画期的な革新を提案・実行するのではなく、当初は改善的な取り組みによりコスト削減を実現し、それで信頼を得てから非連続の製品と生産技術の一体的革新を提案・実行している。

(4) プロジェクトに必要なリソースの確保

3年間のプロジェクトを実行するために必要なリソース（人材、資金、設備など）を確保し、プロジェクトメンバーが開発に専念できるようにした。

人材については、イノベーションに必要な技術専門家を集めている。事業再生プロジェクトには、生産技術部PT専門家と事業部門内の専門家をメンバーとするだけではなく、技術分野ごとに必要な専門家を研究所等から集めてきている。設備開発においては、社内の技能研修所の研修における課題製作を活用しており、最新技術の導入においては、大学と連携し、共同開発・委託分析などを依頼している。

資金については、赤字事業は通常は支出を管理されるが、赤字予算を認めてもらい自由に支出ができるようにすることや、投資額を内作化で

第4章　日立流事業再生マネジメントの考察　143

コストダウンすることなどにより、資金を確保している。

(5) 素早く試作・検証できる体制を整備

　新しいコンポーネントのアイデアが浮かんだ場合に、すぐ作成・確認するために、素早く試作して検証できる体制を整備している。すぐ作って見せることで、関係者の賛同を得ることができる。NC加工集約職場の立ち上げとその活用はその実例である。また、プロジェクトチームには、工作機の加工技能技術員が必ず入っている。

　この体制により、新製造プロセスを部分的に素早く実践し、成果を出して現場の信頼を得ている。次に、製品や設備に関する画期的な提案を行ない、試作して是非を確認することで説得しており、素早い試作・検証によって製品と生産技術の一体的な画期的革新を3年間の短期間で実現できたのである。

(6) 新技術開発への挑戦を鼓舞

　「物理現象の基本原理」に基づいた新技術の開発にチャレンジすることをプロジェクトメンバーに実施させており、能力を持った人を見抜き、プロジェクトメンバーに引き抜き、新技術開発にチャレンジする機会を与えている。これにより、失敗や成功を通した人材の成長を図っている。CVD装置開発では、新しい発想の次世代機の開発のため、現設計部隊とは別の部品精度向上の能力を持つ機械工作部門のエンジニアや古い因習に染まっていない大学卒新人に担当させた。

(7) ピンチにおいて実行可能な対応策を追求

　事業再生のためのアイデアを出して、それが事業化されるまでには、必ず何回かピンチが訪れるので、そのつど原理原則に則って実行可能な

方式を考え、途方に暮れることなく克服している。半導体圧力センサでは、研究中止のピンチ、設備投資中止のピンチ、受注してからの方式変更のピンチを乗り越え事業化しており、設備投資の許可が得られなかった時には、他工場で使わなくなった設備を譲り受けて改造して使うことで乗り越えた。

4.3 事業再生のイノベーションモデル

　本書の事例はモノづくり事業におけるイノベーションによる事業再生であるが、サービスやシステム分野においても IoT や AI などを活用する事業再生や価値創造が求められており、吉田や日立製作所が取り組んできた技術革新による事業再生の発想とその実行戦略は、広く役立つものと考えられる。

　こうした観点から、吉田および日立製作所の事業再生の実践事例から、事業再生のイノベーションモデルを抽出する。

(1) 事業再生プロジェクトのイノベーションモデル

　吉田がリーダーとなって行なった事業再生プロジェクトは、従来なかった新製品を開発し市場に提供するというイノベーションではない。将来伸長が期待される事業であるものの、明確な競争優位性と採算性が見込めない事業に対して、プロダクトイノベーション（製品革新）とプロセスイノベーション（生産技術革新）を一体的に行なうことにより、製品の顧客価値を飛躍的に向上させるイノベーションを実現し、長期的な競争優位性を確立して、事業再生するものである。

　その活動をモデル化すると図 28 のとおりである。これを、「事業再生プロジェクトのイノベーションモデル」と呼ぶことにしたい。

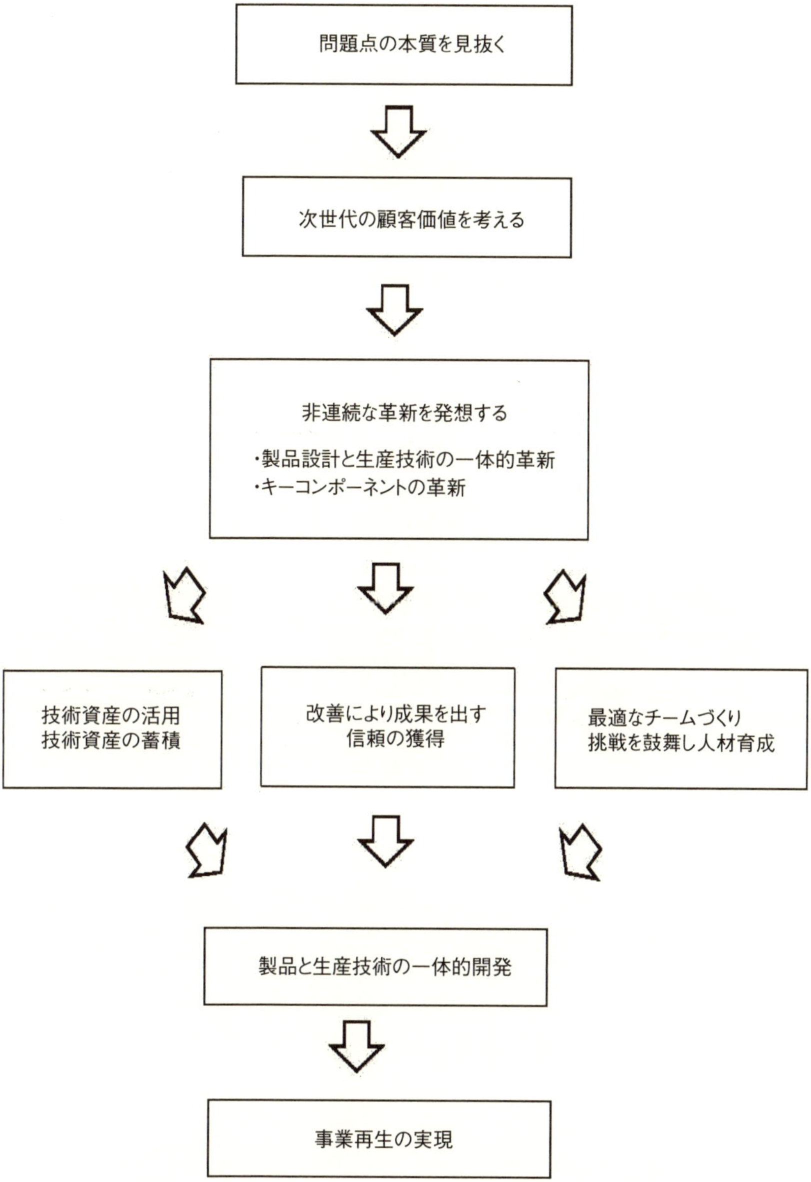

第4章 日立流事業再生マネジメントの考察 145

```
┌─────────────────────────┐
│      問題点の本質を見抜く      │
└─────────────────────────┘
              ⇩
┌─────────────────────────┐
│     次世代の顧客価値を考える      │
└─────────────────────────┘
              ⇩
┌─────────────────────────┐
│      非連続な革新を発想する       │
│                         │
│ ・製品設計と生産技術の一体的革新   │
│ ・キーコンポーネントの革新        │
└─────────────────────────┘
      ⇩        ⇩        ⇩
┌─────────┐ ┌─────────┐ ┌─────────┐
│技術資産の活用│ │改善により成果を出す│ │最適なチームづくり│
│技術資産の蓄積│ │ 信頼の獲得 │ │挑戦を鼓舞し人材育成│
└─────────┘ └─────────┘ └─────────┘
      ⇩        ⇩        ⇩
        ┌─────────────────┐
        │  製品と生産技術の一体的開発  │
        └─────────────────┘
                  ⇩
        ┌─────────────────┐
        │     事業再生の実現      │
        └─────────────────┘
```

図28　事業再生プロジェクトのイノベーションモデル

(2) 日立製作所の事業再生イノベーションモデル

　日立製作所が事業再生のために組織的に取り組んだ PT チームおよび PG 活動による事業再生プロジェクトの仕掛けは、プロジェクト活動の実践を通して、経営に寄与するとともに、全社的に技術資産（専門家、技術、設備）を効果的・効率的な活用を促進し、新たな技術資産を蓄積するものである。そして、それが将来の事業再生プロジェクトに展開され、スパイラル的に技術資産と事業を発展させるイノベーションモデルである（図29）。

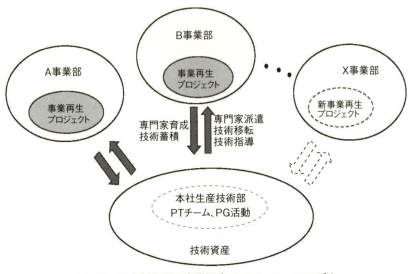

図 29　日立製作所の事業再生イノベーションモデル

参考文献

[1] 木下敏夫，吉田朋正「多種少量生産の品質管理の進め方」，品質管理，Vol.28,No.3，pp9-13, 1977

[2] 倉員嘉郎，吉田朋正，斉藤章文，藤井禎三「製品性能および生産性を考慮した部品設計および加工技術のあり方」，日本機械学会誌，第85巻，第761号，pp70-76，1982

[3] 松岡祥隆，西原元久，坂本達事，池上昭「拡散形半導体ストレインゲージ応用伝送器」，日立評論，Vol.63, No.2, pp5-10, 1981

[4] 吉崎敦浩，仙石正行，山西勉，押田良忠，黒崎利栄，平田東助「サブミクロン対応縮小投影露光装置」，日立評論，Vol.68,No.9, pp17-22, 1986

[5] 吉田朋正「（株）日立製作所における生産技術・品質保証活動について」，精密工学会産学協議会協同研究会，32回，pp1-13, 1996

[6] 吉田朋正「国際電気生産技術本部・コア技術の充実による世界の製品開発へ」，貿易之日本社・シリーズ145, pp180-184, 2000

[7] 小宮義和『ひたちの心』，日立印刷株式会社，1982

[8] 田辺孝二，吉田朋正「技術革新による事業再生の実践」，東京工業大学大学院イノベーションマネジメント研究科ワーキングペーパー，2017
http://www.mot.titech.ac.jp/im-wp/

あとがき

　私は、本書で述べましたように、1967年日立製作所本社に創設された生産技術推進センタ（略称、PT）に参加して以来、2006年までの全期間を一貫して生産技術推進に携わってきました。この間、単なる「製造部門のモノづくり技術の推進」ではなく、原理原則に則った基本技術とともに、常に新技術にチャレンジし、製品設計と製造設備の革新を行ない、キラリと光る製品を生み育ててきました。常に、顧客が求める価値に応え持続的発展ができるように、製品キーコンポーネントのコア技術向上、Q・C・D三位一体活動による生産性向上を実現する数々の「製品設計と生産技術の一体的革新」プロジェクトを行ない、赤字事業再生請負人として活動してきました。

　70歳で会社人生を引退した後に、母校東工大の技術経営（MOT）専攻の田辺教授から依頼があり、3年間「先端技術による事業再生マネジメント」という題で講義を行ないました。その後しばらくして東工大田町キャンパスで田辺教授と出会い、日本企業の事業再生やイノベーションの取り組みの現場でがんばっているエンジニアや経営者に向けて、講義の内容を共著で論文にまとめ、広く紹介しようということになりました。2年ほどかけて、4つの事業再生の事例を取り上げた論文「技術革新による事業再生の実践事例」をまとめ、東工大大学院イノベーションマネジメント研究科のワーキングペーパーになったのが、2017年3月です。

　このワーキングペーパーを基に、製品別の縦割り組織に対して技術別

の横串を入れる組織による「マトリックス経営」や、どのような経験を経て事業再生のプロジェクトリーダーとなったのか、またプロジェクト活動に対する私自身の思いなどを、加筆してできあがったのが本書です。

　明治生まれの人から薫陶を受け、昭和生まれの人間が実施したことを、平成生まれの人達に受け継ぐことができれば幸いと思っています。経営者、事業責任者、マネージャ、技術者、工学系学生など幅広く参考になるのではないかとの思いで、できるだけ技術の細部には踏み込まないように心がけました。しかし、専門用語が多くて読みづらいと感じる方も多いと思われます。そうした箇所は飛ばして読んでいただいて、その背後にある「価値創造による事業再生イノベーションモデル」をつかんでいただければ幸いです。

　現在、痛感していることは、日立在籍当時一緒に汗を流したすばらしい仲間はほとんど高齢者になりましたが、今もなお第一線で活躍している人もおり、基本（本質）をマスターし実践してきた人は、年齢に寄らず貢献できることです。また、私は半導体および半導体圧力センサ、液晶、LEDGaN結晶基板などの製造プラントを新設した経験から、これらの生産についてはナノテクノロジーを活用して、現状の1/3程度のリードタイムで済む製造プロセスをより少ない投資でできると考えています。今後、日本の製造業の再生のため、そうしたイノベーションに取り組む企業が出現することを期待しています。

　最後に、本書をまとめるにあたって、日立本社、日立国際電気でPTチームのリーダーを務めた松永建久氏、日立本社で主管技師長・材料工作部会長、東工大教授を務めた村上碩哉氏に終始ご協力いただき、また

尻をたたいていただいたことで完成に至ったことを心から感謝申し上げます。また、言視舎杉山尚次氏には、読者の視点にたって本書をブラッシュアップいただくなど、出版にご尽力いただいたことを感謝申し上げます。

吉田朋正

[著者紹介]

吉田朋正 (よしだ・ともまさ)

1937年福島県生まれ。1960年東京工業大学機械工学科卒業。同年日立製作所入社。1年間機械工作現場実習後、1961年那珂工場工業計器設計部配属。1967年本社に創設された生産技術推進センタ（略称PT）の一員として2年半、家電、半導体など6工場に駐在し、生産合理化・自動化推進。1980年那珂工場生産技術部長兼半導体新工場建設プロジェクトリーダー。1985年半導体装置設計部長。1987年本社生産技術推進センタ長。1991年同生産技術部長兼品質保証本部・環境本部副本部長。1999年日立国際電気常務取締役技術推進本部長。2003年同特別顧問。2004年日電電線技術顧問。2006年退任。

現在、技術士（機械部門、元日立製作所技術士会副会長）。精密工学会永年会員（元産学協議会副会長）。蔵前経営者懇話会メンバー。

田辺孝二 (たなべ・こうじ)

1952年香川県生まれ。東京工業大学名誉教授。

1975年京都大学理学部卒業、2003年東京工業大学大学院社会理工学研究科経営工学専攻博士課程修了、博士（学術）。1975年通商産業省（現経済産業省）入省、中国経済産業局長、調査統計部長などを経て、2005年東京工業大学大学院イノベーションマネジメント研究科教授に就任。技術経営専攻長、イノベーションマネジメント研究科長などを務めた。現在、日本アジアグループ株式会社取締役、ビジネスモデル学会理事、WAA（We Are Asians, アジア人の会）代表世話人などを務めている。

[著書]

『東工大・田辺研究室「他人実現」の発想から』（共著、彩流社、2010年）、クリステンセン他著『技術とイノベーションの戦略的マネジメント』（共同監修、翔泳社、2007年）など。

装丁………佐々木正見
DTP組版………勝澤節子
編集協力………田中はるか

事業再生のイノベーションモデル
製品設計と生産技術の一体的革新

発行日❖2017年11月30日　初版第1刷

著者
吉田朋正＋田辺孝二

発行者
杉山尚次

発行所
株式会社言視舎
東京都千代田区富士見2-2-2　〒102-0071
電話 03-3234-5997　FAX 03-3234-5957
http://www.s-pn.jp/

印刷・製本
中央精版印刷㈱

© 2017, Printed in Japan
ISBN978-4-86565-108-9 C0034

言視舎刊行の関連書

【増補改訂版】
図解　実践MOT入門
技術を新規事業・新商品につなげる方法

978-4-905369-96-7

チャートで学ぶ、成功し儲けるためのMOT戦略。MOTコンサル第一人者による解説、すぐ役立つ実践的な内容。大企業から中小・ベンチャー企業まで、だれでもイノベーションの方法を実践できる！　モノづくりや技術に携わる人必携。

出川通著
Ｂ５判並製　定価1100円＋税

図解　実践ロードマップ入門
未来の技術と市場を統合する
ロードマップの作成と活用法

978-4-86565-030-3

テクノロジー・ロードマップ、ビジネス・ロードマップを作成し統合する、ロードマップ作成の基本と活用法を解説。ロードマップは、日本の産業界にイノベーションを起こすために不可欠。

出川通著
Ｂ５判並製　定価1200円＋税

図解　実践オープン・イノベーション入門
新事業・新商品を生み出すための
経営と技術の革新マネジメント

978-4-86565-065-5

社内外の技術リソースを融合させて新たな顧客価値を創出する。オープン・イノベーションの進化形態（協創と共創へ）を実践的に紹介。リソースの連携などの基本と活用法を解説。

出川通＋中村善貞著
Ｂ５判並製　定価1200円＋税

図説　B2B事業のプライシング戦略
50のチェックリスト

978-4-86565-105-8

50のチェックリストですぐに使える！　語られることがなかった《Ｂ２Ｂにおける値付け》を初解説。いま、なぜプライシング戦略なのか？　汎用品営業が低価格傾向のなかで、消耗戦から抜け出せないでいる日本企業に具体策を提案。

水島温夫著
Ｂ５判並製　定価1200円＋税

図解　戦略経営のメカニズム
ICT時代における価値創造の理論と実践

978-4-86565-092-1

わかりやすいと評判の図解！　顧客価値を実現する経営戦略は、どのように立案し、実行したらいいのか。戦略をめぐるさまざまな理論と実践のポイントをわかりやすく解説。ICTの技術をどのように活用するか、その活用法も提案。

小松原聡著
Ａ５判上製　定価1700円＋税